名人励志传记丛书

名人励志传记丛书
托尔斯泰传
Tolstoy

孙立军 主编

江西教育出版社
JIANGXI EDUCATION PUBLISHING HOUSE

图书在版编目（CIP）数据

托尔斯泰传 / 孙立军主编. -- 南昌：江西教育出版社，2018.10

（名人励志传记丛书）

ISBN 978-7-5705-0488-6

Ⅰ. ①托… Ⅱ. ①孙… Ⅲ. ①托尔斯泰(Tolstoy, Leo Nikolayevich 1828-1910)－传记 Ⅳ. ①K835.125.6

中国版本图书馆 CIP 数据核字(2018)第 201253 号

托尔斯泰传
TUO'ERSITAI ZHUAN

孙立军　主编

江西教育出版社出版

(南昌市抚河北路 291 号　　邮编：330008)

各地新华书店经销

三河市三佳印刷装订有限公司印刷

635 毫米×960 毫米　　16 开本　　12 印张　　字数 110 千

2018 年 10 月第 1 版　　2019 年 10 月第 2 次印刷

ISBN 978-7-5705-0488-6

定价：36.00 元

赣教版图书如有印装质量问题，请向我社调换　电话：0791-86706047

投稿邮箱：JXJYCBS@163.com　　电话：0791-86705643

网址：http://www.jxeph.com

赣版权登字-02-2018-466

版权所有　侵权必究

前言

记住吧,只有一个时间最重要,那就是现在!之所以重要,因为它是我们有所作为的时间。因此,我们不能只凭自己的意愿放弃它。一个人必须在有限的时间内努力改善自身,而不能浪费在任何事情上。

——托尔斯泰

1828年8月28日,人类历史上伟大的文学家之一的列夫·托尔斯泰出生在俄国一个美丽典雅的庄园里,这所庄园的名字叫作雅斯拿雅·波里雅拿庄园。出生于贵族家庭中的他,从咿呀学语时就开始接受典型的贵族教育。不过,托尔斯泰很早就遭遇了人生的重大挫折,一岁时母亲离世,十岁时父亲亡故,可谓十分不幸。

1844年9月20日,托尔斯泰考入了俄国的喀山大学东方语言文学系专攻土耳其文、阿拉伯文专业。可是,他在语言学习上却并没有取得太好的成绩,在当年年考不及格后,又于次年秋天转入了喀山大学法律专业学习，并立志做一名外交官。然而，做外交官的志向很快就"流产"了，因为年轻的托尔斯泰开始迷恋上了社交生活，学习不再那么用功了。值得一提的是，他虽然在学业上不那么努力了，但是一直都喜欢读书，保持着良好的阅读习惯。他在那段时间里广泛深入地阅读了卢梭、孟德斯鸠等思想家的著作，其思想有了很大的转变。

1847年春天，托尔斯泰退学了。回家后他立志要为农奴子弟兴办学校，希望通过提升农奴知识水平的方式来改变农奴们的悲惨生活。当年11月，托尔斯泰在图拉省行政管理局任职。次年冬天，他被提升为十四品文官。可惜那段时间他的努力并没有得到太多的回报，他所帮助的农奴们始终都不信任他。

在家乡依然苦闷不已的托尔斯泰于1851年和他的兄长前往高加索当兵，次年，他参加了一场战斗，表现十分勇敢。与此同时，他开始了文学创作，发表了小说《童年》。从此以后，托尔斯泰开始在文学的道路上越走越辉煌，发表了《战争与和平》《安娜·卡列尼娜》《复活》《高加索的囚徒》等震惊世界的恢宏巨著。

在文学领域取得了巨大成就的托尔斯泰，在晚年却希望过上平凡简单的平民生活，因此生活非常简朴，丝毫看不出他是一位贵族出身的世界级大文豪。1910年11月，因为和妻子关系紧张，一代文学巨匠从家中出走，在离家出走后不久即患上了肺炎，不幸病逝在他人生最后的旅途中。托尔斯泰死后，他的坟上既没有墓碑，也没有十字架。不过，这并不影响他在人们心中的光辉形象。列宁这样评价他，托尔斯泰是"俄国革命的镜子"，是具有"最清醒的现实主义"的"天才艺术家"；著名作家高尔基对他的评价则是："不认识托尔斯泰者，不可能认识俄罗斯。"

目录

前言 / 1

第一章
出生在贵族之家 / 1

托尔斯泰家族的两面性 / 1
美好的记忆像彩虹一样 / 4
父亲与母亲的婚礼 / 13
托尔斯泰的哥哥与妹妹 / 16
神不眷顾我 / 20
塔迦娜伯母 / 24

第二章
难忘的少年时期 / 26

童年的欢乐时光 / 26
离开了最初的"城堡" / 29
从莫斯科搬到喀山 / 36
从喀山大学休学之后 / 39
希望做一名受人敬仰的地主 / 44
屡败屡战的托尔斯泰 / 49

第三章

文学才华崭露光芒 / 55

真正知道自己的天职是什么 / 55
跟随大哥来到高加索 / 60
文坛上冉冉升起的新星 / 65
开始抵触军旅生涯 / 70
离开高加索回家探亲 / 76
俄国文坛的奇迹 / 80
来到了世界的文化中心 / 87
野外猎熊 / 90

第四章

为农民创办学校 / 95

托尔斯泰学校的铃声 / 95
第二次西欧旅行 / 98
一件令人气愤的事情 / 102
要为自己神圣的使命奋斗 / 104
庄园里的女主人 / 108
要积极地为大众谋福利 / 114
托尔斯泰的爱心 / 118
一场前所未有的大饥荒 / 120
发表《安娜·卡列尼娜》/ 123
为了自己的精神而生活 / 127

第五章
活着就为了实现理想 / 130
被教会除名 / 130
患上一场严重的疟疾 / 134
请不要杀人 / 138
战争永远没有存在的必要 / 142

第六章
痛苦的晚年生活 / 149
最后的农民学校 / 149
进入知天命之年 / 157
托尔斯泰的一个梦 / 160
大文豪决定离家出走 / 162
一封写给妻子的信 / 165
正式离家出走 / 168
葬身扎卡斯峡谷旁的树林 / 171

第一章
出生在贵族之家

托尔斯泰家族的两面性

从 16 世纪至今,托尔斯泰家族一直被世人传说。

让我们一起来探究一下关于托尔斯泰家族的传说吧!传说在 1353 年,托尔斯泰家族的祖先就带着两个儿子率领总数达三千的族人,从当时的东罗马帝国经过千山万水来到俄国。

因此,很多人就据此判定,正是这群族人繁衍了整个托尔斯泰家族。可是这种观点,根本没有确切的历史材料支撑。

关于这个家族最早的记录,还要追溯到 16 世纪的伊凡时代。当时,伊凡·伊瓦诺比齐是托尔斯泰家族的族长。

伊凡·伊瓦诺比齐在克拉彼巴担任长官一职,是第一位参与政治活动的托尔斯泰家族的族人。因为个人能力非常出众，因此他一直在政府担任各种要职，直到1649年去世。

据史料记载，另一位托尔斯泰家族的族人瓦西里·伊瓦诺比齐曾经担任过很多城市的市长，在职业生涯的最后阶段，他曾经荣升国家的一等官。

当时间来到1777年，托尔斯泰家族的一位军人，因为参加了与土耳其的战役，有功不可没的功劳，因而受到皇帝的亲自授勋。在这次授勋仪式上，皇帝对这位族人称赞：

"我嘉奖你在齐基林市的防御中的贡献，使它免遭土耳其军队的鞭挞。"

军人彼得·安德烈是皇帝彼得一世最为亲近的人，同时他也是第一位获得伯爵爵位的托尔斯泰家族族人。

在整个彼得一世至叶卡捷琳娜二世的沙俄长盛时代中，除了托尔斯泰家族外，当时很多的贵族在后来都没落了。

而托尔斯泰家族中，政治家、军人、艺术家和文学家比比皆是。托尔斯泰家族是要被记载在俄国的史书上的。

当然，历史从来都是两面性的，在整个托尔斯泰家族中有卓绝的人不在少数。可是相对的，其中寡廉鲜耻的人也是有的。

有一首描述托尔斯泰家族先祖佛约德尔的诗歌：

尽管被放逐于堪姆察卡，但时常在夜晚出没返回。

尽管因浮躁的心落入地狱，但也正是浮躁的心再回天堂。

是的，就是这样的一个人，徘徊于天堂与地狱之间……

坊间有很多关于这位先祖的传说，虽然他的一生变幻莫测，他是一个极端分子，但是他有才华、睿智，充满活力。此外，他更是一位极具教养的人，而且对所有朋友都很讲义气。

就是这样的一个人，差点跟俄罗斯的伟大诗人普希金展开一场决斗。

他的一生虽然短暂，却极具传奇色彩。在那个由粗鲁和规矩的人共同组成的莫斯科贵族会中，他是长老。

即便是在托尔斯泰的小说《战争与和平》中，也提及了贵族会的长老是一个"粗暴的决斗狂"。

相较于他贵族式的教养，托尔斯泰更欣赏他"粗鲁的一面"。究其根源，托尔斯泰认为，自己家族的血液中流淌着豪放武士的基因。而在他个人的身体中，这样的血液也在缓缓地流淌着。

除了佛约德尔外，托尔斯泰家族还有很多在宫廷中任职的贵族、军人以及政治家和地方官吏，这些人很多都曾参与皇位继承的纷争，有些人甚至被判了死刑。

美好的记忆像彩虹一样

托尔斯泰的父亲名叫尼科莱·伊利伊齐·托尔斯泰,拥有伯爵头衔。作为一名军人的他曾经在1812年5月11日任职乌克兰第三哥萨克屯垦队骑兵少尉。就在他就职的第二天,未经宣战就直接向俄罗斯进攻的拿破仑将战火燃至俄罗斯的边界。

此时,托尔斯泰的父亲没有来得及考虑父母的担忧,便带领后来改为伊鲁克兹克骠骑队的部队勇赴战场了。战场是一个充满残酷的地方,在给父母写的信中,托尔斯泰的父亲是这样描述的:

我已经乘上战争的帆船,只能选择奋勇向前!

不久之后,他又是这样描述:

现在的我已经没有起初的那份热忱,战争的惨烈程度远不及我对家人的思念。真想回到美丽的妻子和可爱的孩子身边,与他们过幸福的生活啊!

对于法国来讲,远征俄国是一个沉重的负担。同理,面对法国来势汹涌的军队,俄国军队承受着更大的压力。

起初,托尔斯泰的父亲担任阿列克斯将军——祖母的亲戚——的副官,不久被擢升为骑兵上尉联络官。

1814年，托尔斯泰的父亲在去往德鲁勃尔格的途中，不幸被法国军队俘虏。直到1815年，当巴黎被俄军攻陷后，他才重获自由。

但是在托尔斯泰的父亲做俘虏的那段日子，似乎并没有想象得那样艰苦，这是因为托尔斯泰的父亲有一位非常称职的传令兵。

这位非常有智慧的传令兵将托尔斯泰父亲的钱藏在了自己长靴里，虽然被俘虏的这段时间，这位传令兵一直患有脚伤，但是他从不在众人面前脱下靴子，这才避免托尔斯泰父亲的财产被"搜刮"。

托尔斯泰的父亲利用这笔钱买到了生活需要的东西。和平年代到来后，托尔斯泰的父亲回到了俄国。而对于那位非常尽职的传令兵，托尔斯泰的父亲一直心存感激。

1815年的8月8日，托尔斯泰的父亲得到晋升——骑兵团副团长，此外他还兼任安德烈将军——祖母的另外一个表兄弟——的高级副官。1819年3月14日，他因病离开了军队。

托尔斯泰的父亲在长期的戎马生涯中，身体每况愈下。但他离开部队的真正愿意是因为祖父挥霍无度，将整个家族的财产都挥霍一空。

在《幼年时期的回忆》一书中，托尔斯泰提到了祖父。虽然祖父身为卡占的地方长官，但是他生活靡费，家族中的亲戚出于体恤，才给他谋得了这个官职。托尔斯泰的祖父生性乐施，而且非常容易上当受骗。

他无事可做，整日声色犬马。无论你什么时候路过他的住所，都会听到从他府邸传来的嘈杂音乐声和喧哗声。更有甚者，他还怂恿托尔斯泰的祖母赌博。

托尔斯泰的祖母并不是一个聪明的女人。因为自小在一个公爵家庭长大，从小骄纵，因此养成了任性的性格和肆意挥霍的生活习惯。

托尔斯泰祖父母的法语非常好，甚至好过了母语——俄罗斯语。两个人只喜欢声色犬马，知识储备并不丰厚，嗜赌如命的两人常常受骗。不论是谁开口借钱，他们必然有求必应，从不拒绝。

当然，经常有人鼓动他们投资做生意，尽管并没有这方面的投资经验和常识，两个人也是来者不拒，最后当然经营惨淡了。

起初，托尔斯泰的祖母嫁给他祖父的时候，曾经得到了家族的一大块土地。但不幸的是，由于两个人天性纯真又嗜赌如命不善打理，最后这块面积很大的土地也被他人纳入囊中。

至此，托尔斯泰的祖父才向各位亲朋好友求助，在大家的支持和帮扶下才谋得了卡占县县长这个职位，这样才能勉强度日。

但是要知道，托尔斯泰祖父母家中的财务状况已经岌岌可危，因此他父亲才去寻找解决的办法。第二年，托尔斯泰的祖父去世了，留下了很多债务，这致使托尔斯泰的父亲陷入了财务危机。

在托尔斯泰的小说《战争与和平》中，其祖父母家中生活状况在一些情节中也偶有体现。最著名的一个情节便是，尼克莱·罗斯托夫老伯爵过世后，整个家族面临着极大的生活窘境。这个情节影射了祖父去世后遗族的生活状态。

祖父去世的第二年，托尔斯泰的父亲担任莫斯科军人遗族救济所的助理检察人。听起来官职不小，但是对于托尔斯泰的父亲来说，相对其父亲留下的大笔债务，这个职位的薪水远远不够，仅仅能够使其免除牢狱之灾。

为了偿还祖父留下的大笔债务，托尔斯泰的父亲过得非常拮据。对于已经过惯了纸醉金迷生活的祖母以及父亲的妹妹们来说，她们忍受不了这种清贫的生活。可是，现实是非常残酷的，想要从这个困境中逃离也不是别无他法。比如，接受拥有庞大资产者的资助。

就这样，侯爵的千金玛利亚·尼可拉爱比娜·宝康斯卡雅下嫁托尔斯泰家族。就这样，托尔斯泰的父母从相亲开始了一段婚姻。虽然托尔斯泰的母亲非常富有，但是那时的她只是一个自小丧母的孤儿。

当时父亲突然遭受家庭变故，正是在这个时候，托尔斯泰的母亲加入了这个家族。虽然托尔斯泰的母亲敬重着自己现在的丈夫，但那并不是爱，她的爱全部已交付给自己亡故的前未婚夫身上了。尽管如此，托尔斯泰的母亲依然对父亲身怀敬仰。后来他们生儿育女，那份敬爱依然存在。

在《战争与和平》这本小说中，活跃着两大家族——洛斯托夫伯爵和宝康斯卡雅伯爵，前者被托尔斯泰视作托尔斯泰伯爵家，后者为自己母亲的家族。

的确，他的母亲正如宝康斯卡雅伯爵家的女儿，嫁到托尔斯泰家族后，重新赋予死气沉沉的托尔斯泰家族一片生机，使之逐渐恢复到从前的繁荣景象。

在雅斯拿雅·波里雅拿公馆出生的托尔斯泰并不知道，自己出生的这个公馆周围有一块两千五百英亩的土地，这片土地的一半是森林，另一半是田地。这片土地的所有者，便是自己母亲的娘家。

托尔斯泰的外祖父是陆军中将和军区司令员，退役后便选择在这片土地上生活。当他老人家逝世之后，作为独生女的托尔斯泰的妈妈自然而然地继承了这片广袤的土地。

嫁给托尔斯泰的父亲后，两个人共同生育了五个子女。1830年，当生完最后一个孩子，即托尔斯泰的妹妹之后，产后身体非常虚弱的母亲撒手人寰，这时候的托尔斯泰刚刚一岁八个月。

对于母亲的容貌，托尔斯泰并没有很深的印象。按照传统，每个贵族家庭都会悬挂家族成员的肖像。但令人疑惑的是，托尔斯泰母亲的肖像并没有悬挂在家中的任何地方。而母亲的照片也只留存一张，那是母亲少女时代所照的。母亲的其他照片，托尔斯泰从未见过。

这使托尔斯泰极为遗憾，因为他在思念母亲时并不能拿出照片来怀念。因此，托尔斯泰只能凭着想象和回忆来勾勒自己母亲的音容笑貌。

在托尔斯泰的认知和记忆当中，不只是母亲，那些在童年的时候照顾过自己的用人和家里的马夫都非常善良。但是，在他心中，任何人都不能与母亲的地位相比。

凡是跟托尔斯泰谈论过母亲的人都说"那并不是一位非常漂亮的女士"，但是托尔斯泰知道母亲是一个非常有教养的人。他的母亲精通俄语、德语、英语、法语和意大利语等五种语言，不但在口才方面非常有天赋，而且弹得一手好琴。

托尔斯泰的母亲喜欢将自己编的故事讲给其他人听，很多人都说托尔斯泰继承了母亲的这个优点。但是在托尔斯泰的心中，他始终觉得自己的大哥尼克莱在这一点上更像自己的母亲。

大哥尼克莱六岁的那一年，母亲去世，翻阅母亲留下的信件不难发现，尼克莱也许是继承母亲天性的子女。

首先，尼克莱跟托尔斯泰的母亲一样谦虚。他们并不把心思放在自己的身上，更不会彰显自身的知识和智慧。但是，这些都是托尔斯泰的回忆和"想象"，托尔斯泰的一生，都在幻想母亲中度过。

托尔斯泰曾经在自己的小说《幼年时代》里这样描述他的母亲：

> 每当我幻想我母亲的相貌，她那褐色的漂亮眼睛、永

远绽放笑脸的面庞和细密短发下的一颗痣常会浮现在我的脑海中。对了，母亲那一双纤细的小手总是那样洁净，我时常抚摸并亲吻它。

在托尔斯泰所著的其他文章中，也有不同层次描写母亲的语句：

我父母的婚姻生活非常短，只有九年。但任何人都可以看得出，那是快乐与幸福的九年。在这段生活中，其他人对母亲的爱以及母亲对其他人的爱都绽放出一道绚烂的彩虹。

母亲的周身散发着一种高贵的气质。每每我遭遇困难，首先想到的就是母亲，来到母亲的面前向她祷告，她一定可以帮助我渡过难关。

从这些描写母亲的语句中不难看出，托尔斯泰并不认为自己的母亲已经过世。相反，母亲一直活在他心中，在冥冥之中给予他鼓励和帮助。

1906年3月10日，时年七十八岁的托尔斯泰在日记中这样写道：

这一天过得浑浑噩噩的，郁结的心情使我一天都无精打采。当夜幕降临，我始终心绪难平，不知道为什么。可是，在这样静谧的夜晚我十分想念我的母亲。回想我的童年时光，我常常被人拥抱，可是却不再有人能拥抱现在的我。

过去的岁月，我一直在寻找我爱的人，可是未果。说到这"我爱的人"，首先想到的就是我的母亲。是的，正是我这位从未谈过话的母亲，叫我如此想念。

我眼中的母亲是圣洁和慈祥的，她并不像高高在上的神一样冷酷，她跟任何有血有肉的母亲一样，能够在我疲惫的时候给我温暖。

哦，我亲爱的母亲啊！请您拥抱我吧！

每到自己的生日，托尔斯泰总会思念自己的母亲。十岁时，他思念母亲的怀抱；耄耋时，他想念的是母亲的圣洁。他对母亲的思念，从未因为年岁的增加而减少，相反越来越浓厚。

每次跳错马祖卡舞的舞步时，托尔斯泰不禁再次想起自己的母亲。在那本《幼年时代》中，托尔斯泰记述这样一件事情：

无论我做错什么，妈妈永远不会因为我的缘故而生气脸红……

随着怀念之情，我的思绪仿佛也回到了过去……

有一次，妈妈走过家门前那片草地，院中那几棵大菩提树高高耸立，池塘上偶有燕子飞过，远处收割好的麦草静静地躺在田地里，白云掠过蓝天，寂静而迷人的黄昏，这些都随着母亲的踪影而永远镌刻在我的记忆中，每次想起都历历在目。

那些美好的记忆好像彩虹一样，永远跳跃在我的幻想当中……

"温柔"是托尔斯泰对母亲的赞扬。他小时候，母亲时常温柔地唤着他。六七十年过去了，在托尔斯泰的心中，母亲依旧那样温柔。

父亲与母亲的婚礼

虽然深深地怀念自己的母亲，托尔斯泰也非常喜欢自己的父亲。托尔斯泰的父亲每天都在经营着属于这个家族的土地，尽管如此，他并没有忘记照顾自己的子女。

1822年7月9日，托尔斯泰的父母结婚，两人的结婚典礼是在莫斯科郊外的卡雅诺坡村的教堂中举行的。

我们知道，这两个人并非自由恋爱而踏入婚姻殿堂的，但这并不妨碍他们拥有非常幸福的婚姻。他们共生育了五个子女——四个男孩和一个女孩。婚后，托尔斯泰的父亲并没有继续从事救济所的工作，而是去到雅斯拿雅·波里雅拿从事改善财政方面的工作。这是与那过着纸醉金迷生活的祖父完全截然相反的一种生活啊！

两年之后，托尔斯泰的外祖父在雅斯拿雅·波里雅拿建筑的两层公馆竣工。五年后，托尔斯泰的父亲卖掉母亲名下的位于莫斯科的一栋住宅，将替父还债而卖掉的尼科莱·比雅先斯基的土地买了回来。

可以看出，托尔斯泰的父亲希望可以通过自己的双手将衰败的托尔斯泰家族再次带回从前的繁盛景象。

在《幼年时代》的这本书中，托尔斯泰特意在一章的开头以《父亲是个什么样的人》为题开头，在其中他这样写道：

> 我的父亲有着魁梧的身材，可是令人感到奇怪的是他的步伐非常小，而且父亲时常耸肩。父亲说起话来不是非常清楚，时常伴有"咻咻"的余音，我想这与他不太端正的嘴唇有关系吧！父亲的脑顶有些秃顶，眼睛不大却时常微笑着，大大的鹰钩鼻子挂在爸爸的脸上。

托尔斯泰的父亲非常谦和，他非常懂得怎样与人交往，因此得到了老人小孩的一致喜爱，即便是那些学者和名人也非常喜欢他。

跟所有的退伍军人一样，托尔斯泰的父亲并不喜欢华丽的服饰。每当他穿上当时非常流行的燕尾服或礼服时，他的脸上总会浮现出不自在的神情。因此，托尔斯泰的父亲喜欢穿那些剪裁非常合适，且穿着的时候非常舒服的便服。

托尔斯泰的父母都很喜欢音乐，母亲会弹琴。相较于贝多芬那略显深奥的交响曲来说，他的父亲更喜欢自己可以伴奏的小曲，或是吉卜赛歌剧，或是出自朋友之手的浪漫歌曲。

在托尔斯泰的认知中，父亲是一位没有宗教信仰的人，因为他从未听到自己的父亲谈论起任何关于宗教的言论。

婚后的父亲虽然忙于自己的工作，但是仍然不忘看书。在家里二楼的书房中，俄国文学和历史、法国古典文学以及科技类的书籍摆满了整个书架。

很多有钱人喜欢在书架中摆满各类书以彰显自己的教养，但实际上他们并不喜欢读书。而托尔斯泰的父亲没有读完上次购买的书，是绝不会再买新书的。尽管这种原则不易坚持，但是父亲仍然尽自己最大的努力去完成。

在所有类型的书中，托尔斯泰的父亲尤其喜欢诗和传记。每每孩子们要求他为大家讲故事时，托尔斯泰的父亲都会为孩子们朗诵俄国著名诗人普希金的诗歌。父亲朗诵一句，要求孩子们也跟着朗诵。

托尔斯泰的父亲还会教授自己的孩子们绘画，孩子们自然很喜欢。虽然他并非一位画家，但孩子们非常喜欢出自父亲笔下的画作。

"火鸟"是托尔斯泰的父亲通常为孩子们绘画的第一个绘画对象，然后他还会为自己的孩子们画一些他们还不曾见过的东西，比如正在冒烟的航海汽船，或者是当时俄罗斯的都市生活，还有穴居海边的海狸。无论任何时候，托尔斯泰的父亲都非常温和耐心地对待自己的子女们。

为了便于照顾在西尔涅读书的大哥尼科莱，托尔斯泰一家从雅斯拿雅·波里雅拿搬至莫斯科的姑母家。这期间，位于雅斯拿雅·波里雅拿的房子并没有转手卖掉。

托尔斯泰的哥哥与妹妹

托尔斯泰有三位哥哥，大哥叫尼克莱，大他五岁。二哥叫西尔涅，大他两岁。最小的哥哥只大他一岁，叫作德米特列。当托尔斯泰一岁八个月的时候，他的妹妹出生了，父母为她取名为玛丽亚。

据说，大哥尼克莱最得母亲的喜爱，但与此同时母亲对托尔斯泰也是格外的疼爱。

可是，不幸的是，当妹妹玛丽亚出生后，母亲便去了天堂。因此，托尔斯泰对母亲并没有很深的回忆，仅仅有一点印象而已。

大哥尼克莱也被大家昵称为"尼克练卡"，在托尔斯泰兄妹五个当中,他最得父母的疼爱。尽管他喜欢捉弄大家,但是他性格温柔,也极具才华。

在高加索入伍时,尼克莱像喝水一样喝酒,为人很豪爽。住在穷人家的时候,善良的他还会把自己的东西送给那些穷人,毫不吝啬。

一位和托尔斯泰同年代的作家屠格涅夫曾经这样表示过:

"列夫·托尔斯泰能够说出理论,便非常满足。但是他的哥哥尼克莱,却能去实践这个理论。"

大哥似乎继承了母亲所有的优点——好的口才、非常丰富的想象力,他更像是一位一流的艺术家,而且非常喜欢结交新的朋友。

托尔斯泰的二哥西尔涅被大家称为"西略佳",他长相俊秀,喜欢微笑,为人谨慎,做事稳妥。相较于大哥尼克莱,二哥相对内向。

小名叫"米千卡"的三哥德米特列,非常热情,做事情也很认真。他非常善良,经常施舍穷人,经常让无家可归的穷人留宿在自己的家中。

托尔斯泰最小的妹妹玛丽亚心地非常善良,虽然嫁给了一位伯爵的亲戚,但是婚后的生活充满了不和谐。婚后不久,她便离家到夏玛鲁丁斯基修道院成为一名修女,直至去世。

对于自己的哥哥们,托尔斯泰有不一样的感受。虽然三哥大托尔斯泰一岁，但两人几乎是一年出生的，因此年龄最为相近的二人顺理成章成为最要好的朋友。托尔斯泰非常敬重自己的大哥，又非常敬佩自己的二哥，经常去模仿他们。

大哥尼克莱是一个非常传奇的少年，成年之后成为一位非凡的大人物。但是在很小的时候，托尔斯泰只称呼大哥为"你"，他自己都不知道是为什么。

大哥尼克莱具有艺术家的气质，从不在乎大家对他的看法，没有什么虚荣心。他是脱离了低级趣味的人，想象力非常丰富，而且具有高层次的世界观。尽管如此，他从不炫耀或自我陶醉，非常谦逊。

至于大家对托尔斯泰的看法如何，他的妹妹玛丽亚曾经这样表示：

"小时候的托尔斯泰非常乐观，是一个十足的乐天派。每次都是微笑着走进房间，总像是有很有趣的事情要和大家分享一样。虽然他喜欢跟大家开玩笑，但是如果这个玩笑有些过的话，他也会非常懊恼以致眼中常含泪水。所以大家都喜欢调侃他，叫他'爱哭的列夫'。

"每当大家欺负他时，他总是跑到角落偷偷落泪，当被问到他怎么了的时候，他就会哭诉'大家都欺负我'，说完便会号啕大哭。"

这就是妹妹对托尔斯泰的看法，相信这也代表很多人对他的感受。其实,除了这三个哥哥和那位小妹妹之外,托尔斯泰还有另外一个哥哥。

原来,在托尔斯泰的父亲尚是一位青年的时候,已经和家里一位奴隶的女儿相爱了。虽然如此,他们却不能结婚,因此那位姑娘只能照顾托尔斯泰父亲的一些琐事。

他们两个人生下一名男婴,被命名为"米先卡"。谁都知道米先卡跟托尔斯泰五兄妹有着同一个父亲,但当时的社会并不允许他们共同生活在一起。

在米先卡看来,他的弟弟被称作"少爷",妹妹被称为"小姐",他们都过着养尊处优的生活,只有自己,每天都得去当邮差度日。

托尔斯泰在他的著作《回忆录》中这样描述自己的另外一位哥哥:

> 虽然我这位名叫"米先卡"的兄长日子过得还算不错,但是不幸的是,后来他误入歧途,导致生活状态差得一塌糊涂。当我成年后,他经常伸手向我们要钱。每次我们给他钱,无论是十或十五卢布,他都会向我们道谢。
>
> 这位兄长和我一样,有同样的父亲,但是潦倒的他迫不得已向我们伸手,我们都非常悲伤,那种悲痛的感觉埋在心里,很难表达出来。

日后，在创作《复活》的时候，托尔斯泰曾经把这件事情写在了小说第一章的第十八节中。

神不眷顾我

传说，托尔斯泰出生的时候哭声很大，好在自家的庭院很大，否则真的要吓坏邻居了。这洪亮的啼哭声，似乎预示着这个小男孩以后将会很有活力。

但是，与他洪亮的啼哭声相反的则是，托尔斯泰并不是一个可爱的婴儿。他长着一个大大的鼻子，眼窝深陷，长满皱纹的额头像极了一个受难者。很多人看见他都第一时间联想到了老头。

可是话说回来，跟所有人一样，对于婴儿时期的事情，托尔斯泰并不记得多少。小时候的他总感觉自己被某种物质包裹起来，极力想伸出小手却总是无功而返。他能做的，只有号哭。可是这样他并不舒服，却又无法停止。

在他模糊的记忆中，总有人弯身站在他的身旁，可是他却不记得那个人是谁。托尔斯泰依稀中感觉到身边的两个人对自己的喊叫无动于衷，因此他的哭喊声更大了。对于一个不会说话的婴孩来说，号哭可能是与外界唯一的一种沟通方式。

这个阶段的托尔斯泰还与一种愉快的经历邂逅。婴儿时代的托尔斯泰正坐在澡盆里洗澡，一位仆人在帮他擦拭身体，一种新鲜的气味吸引了他，那种幽香萦绕在他的周围，像是花香，又像

传说，托尔斯泰出生的时候哭声很大，好在自家的庭院很大，否则真的要吓坏邻居了。这洪亮的啼哭声，似乎预示着这个小男孩以后将会很有活力。

是草香……总而言之，这种气味对他来说非常特殊，进而打动了他的心扉。

睁开双眼打量四周，弱小的身躯、为他擦拭身体的保姆的手、温暖的洗澡水升腾起冉冉的水雾、哗啦啦的水声在浴槽里徘徊……那种感觉真的很奇妙。他一遍遍的观察着整个浴室，并且竖起耳朵不放过任何一丝声音。

从生下来到三岁，他都是由保姆抚育。幼时保姆为自己洗澡，自己离开保姆的膝盖咿咿呀呀的说话，学会走路……任凭托尔斯泰怎样回忆，关于童年的回忆仅此而已，再无其他的印象。

这似乎非常的令人费解，从什么时候自己开始成长的？什么时候学会了观察、倾听与分辨？是在与母亲嬉戏的时候吗？无论任何时候，托尔斯泰认为是生命为他铸造了幸福！而且无论是从哪个角度来分析，他都是非常幸福的。

但是，托尔斯泰却曾表示过，自己并不是一个可爱的娃娃。随着年龄的增长，烦恼也随之而来。在其写就的小说《幼年时代》中，他是如此描述的：

> 我有时对自己非常绝望，镜子中的我鼻子大且扁扁的，嘴唇也非常厚，眼睛非常小，而且呈现的是灰色的。我之所以绝望，源于像我这样丑陋的人，怎么可能得到幸福之神的眷顾呢？

只有奇迹发生,让我变成美男子才可以让我得到幸福。只要我能变得帅气,那么我愿意将我现在及未来所得的一切都奉献给神——我经常这样祷告,希望神可以眷顾我,可是奇迹并没有发生。

看得出来,托尔斯泰从小就非常悲观,这种悲观持续到他成年。一位批评家曾经这样评价托尔斯泰的脸:

"这样伟大灵魂的住宅(比喻托尔斯泰的脸),如果不是希腊艺术的神,那么就是一位技艺十分平庸的木匠。"

这位评论家的言外之意直指托尔斯泰那张长相平凡的脸。接着,这位评论家继续毫无遮拦地说道:

"很多仰慕他的人见到他的风采之后,便会泄气。那些仰慕者坐火车或者是汽车从很远的地方来到他的住处,坐在客厅紧张地等待这座府邸的主人接待他们,谁都希望出现的是一位和蔼可亲的人。

"可谁承想结果却与他们的想象呈现天壤之别,一个完全出乎他们意料的人打开了门,这是一个矮胖的男人,杂乱的胡须挂在他的脸上,脚步明显加快地来到各位访客面前,与他们一一握手之后开始了攀谈。

"那些仰慕者现在的心中充满了一个疑问:这位矮胖的人真的就是大文豪托尔斯泰?"

童年时期的托尔斯泰曾经非常厌恶自己这双灰色的眼睛，他说："我的眼睛长在浓密的森林里，而这是一副凸出的灰色眼镜。"

而高尔基却评价这双眼睛里"藏有一百只眼睛"，接着说道："托尔斯泰长着一张典型的俄国传统农夫的面庞，正是由于这双眼睛使他的脸极具天才的色彩。"

接着他又补充道：

"这双眼睛拥有这样一种眼神，好像一只雄鹰傲立山峰之巅，正在俯视小老鼠那样锐利；又像是一支很锋利的利剑，能够瞬间穿透任何坚硬的东西；更像是鸟瞰整个世界，看透任何一个角落。"

最后，他以这样一句话结束对托尔斯泰眼睛的描述：

"只有拥有这种眼神的人，才能看出世间的真理，这个世界上的所有知识都属于这个人。可是，拥有它们的人，未必是幸福的。"

也许高尔基并不知道托尔斯泰拥有一双怎样的眼睛，但是他所描述的都是事实。有趣的是，除了托尔斯泰的眼睛之外，他身体的其他部分都与当时的农民并无二异。

塔迦娜伯母

在母亲离开之后，远亲塔迦娜承担起照顾托尔斯泰等五个孩子生活起居的重担。大家都叫塔迦娜"伯母"，虽然塔迦娜并不是非常高大，但是她长得非常结实，有一头乌黑的秀发。

塔迦娜伯母非常善良，尤其怜悯那些无依无靠的可怜人。塔迦娜经常给他们换洗衣服，还会经常亲吻他们，这些都让托尔斯泰感受到爱。

除了在喀山大学就读四五年级的课程时和入伍的四年之外，托尔斯泰一直没有离开过塔迦娜伯母，直到她逝世。在托尔斯泰的心中，除了自己的双亲，塔迦娜伯母就是他在这个世界上最重要的人。

托尔斯泰是在塔迦娜伯母的宠爱下成长的，并且受到塔迦娜很大的影响。塔迦娜伯母常常用行动来表示出得到爱的喜悦，而并非采用语言。因此，托尔斯泰才得以知道，爱特别美好。与此同时，他体会到在孤独和寂静的生活中，怎样才能自在地得到乐趣。

除了塔迦娜伯母，姑母亚历山大伯爵夫人也一起照顾托尔斯泰兄妹五人。

因为托尔斯泰的姑母住在喀山，因此他们兄妹五人便顺理成章地去到喀山大学就读。但是于他们而言，塔迦娜伯母担负了更多的母亲职责。

托尔斯泰居住的是一栋蔚为壮观的建筑，院子里有一方池塘，一颗百年菩提树静静地站在池塘的旁边。沟渠和壁垒包围着像公园一样的庭院，即便没有军队驻守，这看起来也很像是一座威严的城堡。

托尔斯泰的幼年时光都是在这个城堡中度过的，陪同他一道享受这里欢乐时光的人，正是他们慈爱的塔迦娜伯母。

第二章
难忘的少年时期

童年的欢乐时光

童年时的托尔斯泰兄妹五人,有很多欢乐的游戏,像是打板球、捉迷藏……每天等着他们的就是寻找新的游戏。

在所有的游戏当中,"蚂蚁的兄弟"和"绿杖"给托尔斯泰留下最深的印象,这两个游戏都是大哥尼科莱教给他的。

这一年,托尔斯泰五岁。云雀的叫声从那片遥远的柳树林中传来,白桦树和菩提树刚刚发芽,阵阵幽香随着清风纷至沓来,初夏时节的独特气息笼罩整个大地。

小时候的托尔斯泰就非常喜欢思考,令他尤其疑惑的是:为什么这么多不幸都发生在自己的身上呢?那个时候的托尔斯泰刚刚五岁，自己的大哥也才十岁。这么小的孩子，思考这样沉重的话题——要知道，这些沉重的话题，即便大人也很少思考。

可是"小大人"们就是乐此不疲地谈论这种问题，最终还是大哥尼克莱得出了解决的良策。

"不幸的原因会找到答案吗？"托尔斯泰陷入了思索当中。

"在绿杖上刻着呢！"大哥道出了疑惑的终点。

"绿杖？在哪呢？"托尔斯泰再次询问。

"在后山的某个角落，但我也不知道具体的地方！"尼克莱说着。

大哥告诉大家，某一个带有魔力的绿杖藏在后山的某个角落。但是，这根绿杖到底长什么样子、是否真的存在、绿杖上是否刻有某种带有魔力的文字……关于这些问题，大家都不得而知。

"我们要做的就是，找到这根魔杖然后阅读魔杖上的那段文字，便可以告诉我们怎样才可以远离战争和不幸、免受病魔的折磨，最后得到幸福！"大哥这样说。

"这根绿杖这么神奇，那简直是一件无价珍宝啊！"听完大哥的话，托尔斯泰感慨道。

"那是当然了！"尼克莱说完便黯然神伤起来。现在的他虽然只有十岁，但是已经见识到了人类很多不平等之处。虽然比同龄人成熟，但是尼克莱始终是一个天真的孩子，认为在这个世界上一定存在着可以改变不平等的宝物，就像这根绿杖一样。

几天后的一天，尼克莱突然号召弟弟妹妹去后山找那根绿杖。大家对尼克莱的说法深信不疑，他们希望通过这根魔杖可以改变很多人的不幸，为他们带来幸福。

就这样，兄弟四人来到后山，去寻找那根绿杖，尽管毫无收获，但是在他们的心中始终坚信：总有一天大家一定可以找到那根绿杖。因此，他们乐此不疲地跑去后山。这就是所谓的"绿杖游戏"。那么什么是"蚂蚁的兄弟"呢？

原来，"蚂蚁的兄弟"也是培养大家寻找幸福的一种游戏。这一天，大哥提议大家玩"蚂蚁的兄弟"游戏，弟弟们欣然同意。兄弟四人马上跑回家，每个人都找出一个凳子围在一起并摆在院子周围。接着，大家用几个空箱子搭成一个屋子的形状，窗帘用布条来代替。

一切准备工作就绪，兄弟四人便坐进了这个"小屋子"里，分别缓缓地闭上眼睛，安静地挤在一起。这是在干什么呢？原来，只有四个人彼此依靠才能保证"小屋子"的安全。一旦有一个人稍微动了一下，这个小屋马上会倒下。当然，这个游戏自然也是大哥尼克莱设计出的。

仆人一定觉得这种游戏非常无趣，但并不影响兄弟几个相信这个游戏一定可以培养他们正确的人生观，因此他们乐此不疲。

托尔斯泰家是贵族、地主，家里有很多仆人，有专门的家庭教师教授他们课程，出行有两辆自用的马车，那拉车的马儿被喂得肥壮得很，而家中的保姆善良更可亲……说他们是生活在上流家庭中的幸福骄子，一点都不为过。

更加令人庆幸的是，这样一群贵族的少爷和小姐并没有因此而成为纨绔子弟，相反，他们认为幸福是应该与人分享的。

他们那位戴着用红绒线编织的头巾的家庭教师告诉他们，一位名叫格利耶的流浪者拄着拐杖的不幸故事；他们的佃农告诉他们，世界上的许多地方现在正在遭受着很多令人痛苦的事情。

因此，他们的心灵虽然非常幼小，但是早已充斥着对世界不公平的愤慨。就这样的动机，尼克莱运用自己的想象力，创造出"绿杖"和"蚂蚁的兄弟"这两个游戏。

当托尔斯泰年近古稀时，仍然时常想起小时候玩过的这两个游戏：当时大家彼此依靠彼此、闭上双眼……为的是彼此给予彼此最大的信任，并且能够为了那些受苦的人寻找"绿杖"。

驱散世界的不公和罪恶，类似这样的想法影响着托尔斯泰兄妹五人。寻找为全人类谋幸福"绿杖"的任务，是每个人都应担负的责任。当托尔斯泰七十三岁时，仍然相信这个世界上存在真理，只有真理问世才能给全世界的人民造福。

离开了最初的"城堡"

托尔斯泰八岁时，全家迁居莫斯科。这并不意味着托尔斯泰一家彻底离开雅斯拿雅·波里雅拿，他们会选择在夏天回到这里来度假。

在雅斯拿雅·波里雅拿这个地方，没有一所小学，因此托尔斯泰的父母为他们兄妹五人聘请了家庭教师。但是由于托尔斯泰的大哥尼克莱马上要上大学了，父亲认为搬到莫斯科会更有利于对孩子们的教育。当然，这与他们在莫斯科生活的姑母亚历山大伯爵夫人不无关系，加之父亲的工作愈发忙碌，因此托尔斯泰全家都搬至莫斯科。

当得知搬至莫斯科这个消息时，托尔斯泰非常高兴。当然，他也喜欢雅斯拿雅·波里雅拿的生活。但是，莫斯科是一座大城市，托尔斯泰相信那里一定有自己没有见过的新奇事物。

托尔斯泰向往莫斯科的新奇事物，可是他不知道的是，这所谓的"新奇事物"不过是小孩子的幻想。关于幻想，不只托尔斯泰这样的贵族孩子有，穷困的孩子也会幻想有朝一日能够过上幸福的生活。

因此，任何一个小孩子对于未来的憧憬都是纯真的。同托尔斯泰一样，向往莫斯科的人不止他一个，马上要上大学的尼科莱对于未来的憧憬比托尔斯泰要丰富得多。

似乎那些美好已经冲他们招手了！可是，路上发生的事情却没有让他们开怀，甚至可以说是冷酷。

在《少年时代》这本书中，托尔斯泰描述了搬家那一天的情况：

……有两辆马车停在了大门前,米米、留伯基卡、卡千卡和用人坐在一辆马车上,由亚克夫管家驾驶。而另一辆马车上坐着普鲁加和我,还有仆人瓦西里。

我们准备启程的时候,父亲并没戴上帽子跟我们一起出发,而是站在楼梯口严肃地在自己的胸前画一个十字,为我们祷告。是的,他比我们晚三天启程。

"祝你们有一个愉快的旅途!"爸爸说完这句话,亚克夫管家和另外一位驾驶者脱下了帽子,也在胸前画个十字,并且祷告道:"请主保佑在家的人!"

这是一个秋天,1836年的秋天。

马车一路向前,托尔斯泰探出身子跟父亲挥手道别。望着远去的家,托尔斯泰想着,想要再玩"绿杖"和"蚂蚁兄弟"就要等到明年的夏天了。于是他向着山丘和森林喊道:"我们要暂别一段时间了!"

看着哥哥和妹妹都陪在自己身边,在一定程度上缓解了父亲没有一同前往的怅然若失。此刻,托尔斯泰的心兴奋到了极点,他想赶紧看看莫斯科是什么样的。

八岁的托尔斯泰从来没有离开过雅斯拿雅·波里雅拿,他的活动范围也仅仅限于住处周边不远的地方。附近生活的不是住宅里的人,就是属于托尔斯泰家的佃农,他自然不了解外面的世界。

托尔斯泰将这段旅途中的发现写进了《少年时代》这本书中：

朋友们，在人生中的某一时期，可能颠覆了你的世界观，突然之间，过去的一些事物改变了，你不得不去适应新的东西。我曾经在一次旅行中经历过一次类似的感官变化，仿佛我的少年时代从这一刻便改变了。

毋庸置疑，这一次旅行的确成为托尔斯泰人生的一个新的开端，他的世界观因此而改变。在雅斯拿雅·波里雅拿"城堡"生活的托尔斯泰，是被保姆和佣人呵护的托尔斯泰。离开雅斯拿雅·波里雅拿"城堡"的这一刻，托尔斯泰必须成长。

曾经，托尔斯泰想过，在这个世界上，应该不止托尔斯泰一家在生活。因此，他对外面的世界更加向往。

终点是莫斯科，托尔斯泰乘着马车向前行驶。透过车厢的窗户，托尔斯泰看到不同乡镇的生活面貌，朝圣的女信徒、被父母牵着双手走路的小孩子以及走路都不忘玩耍的孩子们……

热闹的街区吸引了托尔斯泰，他伸手跟那些人打招呼，但是回报他的大多是冷漠的眼，当然其中也有向他挥手的。

一天，马车正在前进时，突然电闪雷鸣，天色开始逐渐变暗。这个时候，马车正在桥中央，忽然马车上的横梁掉了下来，马夫赶紧下车修理。

就在这个时候，一位衣衫褴褛的乞丐忽然将手伸进了马车里，用可怜的口吻说：

"大爷，可怜可怜我吧！"

托尔斯泰被这双手吓到了，因为这个乞丐的一只手少了一根手指。他跛脚光头，非常可怜。边乞讨还边鞠躬，苦苦哀求。

在这段旅程中，托尔斯泰常常遇到类似这样的可怜人。每次，他都毫不吝啬地给予对方一些东西。

当修好马车后，车夫赶紧跳上马车准备启程。就在这时，闪电划过天空，马被吓坏了。震耳欲聋的雷声结束后，狂风骤雨开始倾盆而下。

马车赶紧在大雨中疾驶，看见在大雨中蹒跚前进的乞丐，瓦西里抛给他一枚铜盘。随着马车急速向前，乞丐的影子逐渐模糊。此时的托尔斯泰在马车里画着十字，为刚才所见的那个乞丐祷告。

四天的旅程很快就结束了，托尔斯泰抵达莫斯科。这四天中，托尔斯泰沿途观察到很多人的生活状态。还未抵达莫斯科，托尔斯泰就见到以前前所未见的情景，这些开阔了他的眼界。

刚刚踏上莫斯科的土地，托尔斯泰便见到了自己的姑母，他马上震惊了。眼前这个骨瘦如柴的妇女竟然是他的姑母？这完全出乎他的想象，他似乎有些失望。

三天后，托尔斯泰的父亲也抵达莫斯科，情况似乎也变了。从前父亲非常关心他们，可是到了莫斯科之后，父亲经常穿着礼

服出门，很多时候托尔斯泰一天都看不到自己的父亲。他愈发地失望了，曾经对莫斯科的憧憬在到这里的第二天就逐渐转变为迷惘。怎么会这样吗？

原来，这里的邻里之间从来不打招呼。在这样一个偌大的城市里，托尔斯泰甚至觉得还没有雅斯拿雅·波里雅拿有人情味。在这样一个嘈杂的城市里，托尔斯泰甚至感觉到寂寞。

抵达莫斯科的第二年，托尔斯泰再度遭受到更大的不幸。父亲去托拉市办事的途中，突然中风而撒手人寰。他在一岁八个月时失去母亲，在八岁时又失去了父亲。现在他是一个孤儿了。

托尔斯泰情绪开始低落，甚至出现恍惚的现象。他觉得有一股热风钻进了脑袋，脑袋开始迷蒙起来，似乎被夹着一层薄雾。

屋漏偏逢连夜雨，就在爸爸去世的第二年，托尔斯泰的祖母也过世了。随即，保姆也在奥布基那修道院去世。

诸多的不幸，令托尔斯泰痛苦到了极点。他常常叹息，自己的灵魂仿佛也罩上了灰色。在日后回忆这段悲伤的时期，他经常用"少年的沙漠期"来形容。

自此之后，很少再有人看到托尔斯泰微笑。幼年时代的莫斯科生活经历使他习惯单独思考。

对于托尔斯泰这样一个十二三岁的少年来说，从1838年的秋天到1841年这段时间，父亲、祖母和保姆相继去世，使托尔斯泰懂得"人生无常"这四个字的可怕。

在此后的一生中,托尔斯泰常常将思绪停留在"死"这个层面上,这个思考方向最早就产生于他的少年时代。

所谓的思考方向,无非是恐惧的结果。父亲过世之后,他便开始茫然无措。他开始偏执地认为这个世界上是存在魔鬼的,人类一定要赢得与魔鬼的挑战,将其消灭。虽然现在看起来这似乎是一个非常幼稚的想法,但是这却是托尔斯泰终生思考的主题。

从莫斯科搬到喀山

父亲去世后,由贝拉格雅姑母照顾他们这些孩子。而这位贝拉格雅姑母住在喀山,所以在托尔斯泰十三岁的时候,他们再一次搬家,这一次从莫斯科搬到喀山。这一年,是1841年。

在喀山生活了五年左右的时间,托尔斯泰的哥哥们进入到喀山大学就读。1842到1844这几年的时间,托尔斯泰也多次报考喀山大学,但结果非常遗憾,都是以失败告终。这是什么情况呢?或许我们可以从他的成绩单上面找到问题的症结:

(满分为5分)

神学　4分

世界史与俄国史　1分

俄国古代文学　1分

统计学与地理　1分

拉丁语 1分
英语 4分
德语 5分
法语 5分
阿拉伯语 5分
土耳其语 5分

这是1843年春天，托尔斯泰参加了首次入学考试便以失败告终。第二年参加了补考，结果又不理想。这一年的8月，托尔斯泰终于进入大学东方语文科就读，但是他略显懒惰，逃课是家常便饭，升级考试又不及格。无奈之下，学校只好将他转至法科学习，这下托尔斯泰又成了一名一年级新生。

其实托尔斯泰并非愚笨的孩子，也不是不用功。只是他平时阅读很多文学类书籍，其他的知识他都没有兴趣。托尔斯泰阅读了很多卢梭的著作，像是《告白》《爱弥儿》《社会契约论》以及《新的海路线》等著作。

卢梭的写作范围也很广，甚至写过音乐词典。这些作品托尔斯泰都曾经阅读过，他非常欣赏卢梭，甚至将印有卢梭肖像的装饰品挂在脖子上。可见，卢梭对其影响有多大。

入学考试和测验都让托尔斯泰非常反胃，他仍然乐此不疲地阅读大量的文学书籍。他的家庭老师巴富伦斯基曾经评论过四兄弟：

"西尔涅非常用功，所以成绩不错；德米特列也很用功，但是成绩常常不理想（错误的观点）；至于托尔斯泰嘛……"

托尔斯泰非常沮丧，加之自己马上成年，因此他不免开始苦恼。他曾经向基督忏悔，要好好用功，可他在第二天便对其进行否定。托尔斯泰就是在这样的反复中挣扎，因此他把自己从少年到成年的这个阶段称为"少年的沙漠期"。

就在托尔斯泰沉浸在"少年的沙漠期"之际，大哥尼克莱以优异的成绩毕业，马上就要回到雅斯拿雅·波里雅拿去。

非常崇拜大哥的托尔斯泰得知这个消息，也想跟大哥一同返回雅斯拿雅·波里雅拿，这个想法让大哥尼克莱非常震惊：

"你还没有完成学业，怎么回去？"

"休学啊！"托尔斯泰没有任何思考，脱口而出，"我对学校的生活毫无兴趣。"

"休学？"这两个字更震惊了尼克莱，"做什么呢？"

"回到雅斯拿雅·波里雅拿，重新开始！"托尔斯泰斩钉截铁地说。

尼克莱知道托尔斯泰现在被烦恼所桎梏，似乎以为回到雅斯拿雅·波里雅拿可以令托尔斯泰远离烦恼。于是他开导托尔斯泰：

"我觉得你最好的方法就是呼吸一下故乡新鲜的空气。"

"是的，所以我想回到雅斯拿雅·波里雅拿，重读一遍卢梭的著作!"

听完托尔斯泰的话,尼克莱同意他跟自己一起回到家乡。托尔斯泰其他的两个哥哥听到这个消息,也没有反对,都希望他能够回到家乡找到解脱的办法。

决定回到家乡之后,托尔斯泰来到学校申请休学,心情似乎豁然开朗起来。

"乌拉!我要拥有全新的生活啦!"他给自己制定计划:

1. 打定主意做一件事情,无论过程多么艰难,都要坚持。
2. 开始做一件事情,那么必须将它做完。
3. 记住书本上的知识,要努力想起来,再不去翻书本。
4. 要挖掘自己的能力,必须依靠智慧。
5. 大声阅读,勤奋思考。
6. 对于那些打扰我的人,要大胆地说出来。

回到家乡之后,托尔斯泰想改变一下自己。但是只靠外在的改变似乎并不理想,只能通过内在的精神层面来改变自己。托尔斯泰是一个不折不扣的精神主义崇尚者,从那时开始他便意识到精神的重要性。

从喀山大学休学之后

托尔斯泰回到雅斯拿雅·波里雅拿的心情究竟如何,从他写给姑母的信中可以看出:

近来可好？我做了有生以来最重要的一个决定——我想在田间上实现我的梦想。

姑母，您千万不要嘲笑我，你总说我还小，我还是一个孩子。可是姑母，您相信使命的召唤吗？没人可以阻挡我对使命的忠诚，我更不希望有人阻挡的我追求。

在给您的上一封信中，我已经告诉您，我们在雅斯拿雅·波里雅拿的农场荒废已久。最近，我一直在仔细观察，发现其中的原因是佃农过于贫穷。我们必须付出更多的忍耐和勤奋，才能重振我家的农场。

姑母，如果您可以看见我们的两个佃农——伊凡和达此得他们的生活状态，你就会对我说的话深信不疑。他们生活的太过凄苦了，相信不用我向您赘述，您一定会知道具体的情况。

姑母您说，为了我们的财富和名誉，我们让佃农来负责我们的田地，这是不是一种罪恶？我多么希望通过我的手，让这七百位佃农都能变成神所爱的人。这将是一件多么伟大的事情，我甚至因此不想追求其他任何事业。

我相信我能够完成这项工作，成为一个受佃农尊敬的地主。退一万步讲，想成为这样的地主，并非需要很多的头衔，因此我才选择休学。

姑母，如果您爱我，请不要为我选择我的人生，我决定了，毕生都要在这里奋斗。对未来，我有很多憧憬，而且我将鼓足所有勇气去追求幸福的道路。

为了达成我的目标，我和哥哥一起回到了雅斯拿雅·波里雅拿。大哥也赞同我的想法，虽然他是我家的长子，但是他并没有长久居住在这里的计划，他的目标是去更远的地方寻求发展。

托尔斯泰的大哥休息了一周之后，便选择了和他的父亲一样的步伐——去高加索炮兵队，当一名光荣的军人。当时很多贵族都觉得，当兵是一件很好的事情，能够获得更高的荣誉和更好的前程。

站在托尔斯泰姑母的角度去想，她非常希望托尔斯泰能够成为一名外交官。姑母知晓托尔斯泰曾经也有这样的打算，但是现在看来，这好像不可能了。托尔斯泰打定了主意，回家做一名地主。

但是，姑母仍旧坚持自己的意愿，她在回信中表达了这个想法：

你说田园生活是你毕生追求的天职，那么我告诉你的是，只有经过一到两次的失败，一个人才能认识到什么才是自己的天职。

你说想要托尔斯泰家族的佃农获得幸福,你的想法非常纯真。可是托尔斯泰你知道吗,一个人想要得到幸福相对容易,但是想要很多人获得幸福似乎不是一件简单的事情呢!

你想要成为一名受佃农尊敬的地主,我先告诉你托尔斯泰,只有一个冷酷的人才能做到。显然,你并不冷酷,相反,你非常热心,恐怕很难成为你希望达到的人。

姑母的人生阅历要远远多于托尔斯泰,她希望通过这些话可以令托尔斯泰放弃自己的想法。但是,读完姑母的信后,托尔斯泰更加断定自己只适合当地主。

无论如何,既然已经下了决心,那么无论遇到什么情况,都要坚持去做!即便是失败,也要站起来继续前行。

姑母以这样一段话结束了自己的信:

……托尔斯泰,你非常天真,看完你周详的计划,我愈发地喜欢你。既然你已经打定主意,那么我尊重你,并且祝你成功!

托尔斯泰非常高兴,赶紧回信表决心:"放心吧,姑母!我会全力以赴,有你的支持我一定会成功的!"

托尔斯泰马上投入到伟大的地主工作。他初级阶段的目标是建设一个理想的村庄，为了这个目标他制定了一系列的计划。

对内计划：

1. 理论和实践相结合地研究现阶段的农村情况；

2. 研读法语、英语、俄语、德语、意大利语以及拉丁语；

3. 研读历史、地理和统计学方面的知识；

4. 研读法律学；

5. 研读部分医学；

6. 研读中学数学的课程；

7. 准备论文；

8. 练习绘画和音乐；

9. 制定并严格执行日课表；

10. 研读自然科学知识；

11. 为每一项研究的学科进行记录。

对外计划：

1. 每周日进行农村合作社集会，落实决议权人选，并且在一定程度上给予其帮助；

2. 周一与农奴、佃农和请愿人进行座谈会，对领地内的贫穷人士进行巡视，检讨合作社工作的疏漏。

虽然托尔斯泰休学，但是并非因为他不喜欢学问，而是厌恶学校的氛围。回到农村后，托尔斯泰一边用功读书充实自己，一边改造农村。

关于那段日子,托尔斯泰是这样在日记中记叙的:

　　人始终要生活,但是以怎样的方式生活,是由哲学来决定的。这是人生的科学,我们必须以科学为基础进行人类生活。

希望做一名受人敬仰的地主

托尔斯泰抱着极大的希望回到了雅斯拿雅·波里雅拿,那么他能否如愿成为一名受人爱戴的地主呢?答案是否定的,他再一次遭受失败。

人们陷入忙碌工作中时,会感慨:"太忙了,我现在需要休息!"这是一定的。也有人说一个人只有工作才会快乐,这也无可厚非。

托尔斯泰曾经在《一日一善》中这样写道:

　　有的时候,人不得不做一些事情,好像被套上马车的马一样。就是因为这样,工作的价值在于其每个人都是被需要的,就好像呼吸一样。对于一个人来说,最重要的是极具价值的工作。

工作分为两种，一种是有直接目的，如为了当天的伙食而工作。另外一种是为了理想工作，这是比较远大的目的。

从喀山回到雅斯拿雅·波里雅拿的托尔斯泰显然属于后者，他是为了自己的理想——成为一名受人敬仰的地主而工作。

他这个地主并不是让佃农们为自己创造更多的财富，而是为了让佃农们通过工作得到幸福。理想很丰满，但是托尔斯泰做的并不是很完善，因为现实情况非常糟糕。

照顾他的保姆已经上了年纪，她告诉托尔斯泰："那些佃农都说少爷您年纪尚轻，懂的东西太少，不应该进入田间。"

保姆的这段话给了托尔斯泰一记当头棒喝，他陷入沉思。接着，托尔斯泰发明了一种脱谷机，非常高兴地搬到佃农那里。可是结果却令他相当沮丧，这台新的脱谷机除了发出轰鸣声外，没有任何用处。

人群中有这样的声音：

"我们的地主非常聪明，但是他发明的是毫无用处的机器啊！"

对于托尔斯泰来说，这样的话是一种教训。接着，他想起姑母的那句话——只有经过一到两次失败，才能知道自己的天职是什么。当时根本没有明白姑母的话，现在他才领略其中的深意。

就在这时，托尔斯泰想起自己的一位佃农婆婆，身体染病的她还要照顾六个孙子。托尔斯泰来到这位婆婆的住处。

"老婆婆，您愿意不愿意去疗养院居住啊？那里的设施都是免费的，有很多像您这样的人在那里住着。"

看见是托尔斯泰，这位老婆婆本来不是很高兴，如果自己有着对方的身份和财富的话，就不会身患重病还要照顾六个孙子。

"您快回去吧！"老婆婆颤颤巍巍地说出这一句话。

"婆婆，希望您不要误会我的好意。我是真心实意想让您去那个疗养院修养的！"

"请少爷不要这样说，如果您再让我去疗养院，晚上我就自杀！"

"哦，天呐！"托尔斯泰震惊了，"这是为什么呢？"

也许是出于自卑，这位老婆婆误会了托尔斯泰的好意。可是托尔斯泰仍旧劝婆婆跟自己去疗养院，老婆婆却说：

"少爷，如果您想让我好好休养，就让我留在这里吧！一旦我去了疗养院，那么我的家人就会认为我一无是处，那样的话与死并没有两样！"

说完这几句话，老婆婆瞪着托尔斯泰，托尔斯泰没有看到过这样的眼神，于是开始不知所措起来。

"老婆婆，我是希望您能得到更好的治疗……"

还没等托尔斯泰说完这一句话，老婆婆已经不愿再听他的任何话了。正想着伸拳头打托尔斯泰时，老婆婆口吐白沫倒在了地上。

就在这个时候，这个家的男主人进门，正好看到这一幕，马上起身抱起这位老太婆进入房间内。托尔斯泰马上紧随其后,想进去看看老婆婆的情势。

"滚!我叫你滚!你这个魔鬼!"这位男主人的话使托尔斯泰再度震惊,"你就是个彻头彻尾的魔鬼!"

类似这样的事情,托尔斯泰还遇到很多,这些都在他的《人生之路》一书中得以体现:

一个人想要清晰地认识人生,最重要的一点就是看他能不能用平民的语言与他们沟通。

这一次,托尔斯泰本想安慰那位患病的老婆婆,他的初衷是同情,并不是希望对方生气,可是老婆婆却视托尔斯泰为仇人。

托尔斯泰后来认为这是由于自己并没有采用农民习惯的语言语气和他们沟通所致的。虽然他非常诚恳地对待农民,但是他们之间的语言很不搭。那些佃农们对他存在着很深的偏见,总以为托尔斯泰采用贵族的身份对他们颐指气使。即便托尔斯泰并没有这个意思,但佃农对贵族的偏见自古有之。

托尔斯泰想要跟佃农相处得好,首先要做的就是消除佃农对他的成见。可是,对于十九岁的托尔斯泰来讲,想做到这一点无异于登天。因此,他想要成为一名受佃农爱戴的地主这一理想便这样夭折了。

并不能给农民理想生活的托尔斯泰更加抑郁了,一连几天都食不下咽。他茫然地看着远方,陷入沉思当中:

"我从喀山回到这里,并没有改变佃农的任何一点生活,无论是物质还是精神方面,他们还是老样子,到底怎样做,才能让他们的生活得到改善呢?"

托尔斯泰想要从头再来。他想,回到家乡的他并不想卖弄自己的贵族身份,而是想为农民效劳,使他们得到幸福。坚定了这个想法的托尔斯泰不再抑郁,就好像重获新生一样。

他想,翱翔于各地的鸟儿累了便会飞回巢穴休息,那一刻它们是多么快乐!狼、山羊和兔子在林间奔跑寻找美食,它们也是通过勤劳来获得快乐的生活。可是人们呢?生活在这个地球上的人,必须通过自己的劳动才能获得补给,否则一定会灭亡。

活在这个世界上的人,不能只为自己而活,还要为大家而活。只有这样,大家才会得到幸福,托尔斯泰更加坚定了自己的信念。

可现实是什么?回到雅斯拿雅·波里雅拿一年的托尔斯泰,没有感觉到光明,每天生活在黑暗当中。面对这样的情况,十九岁的托尔斯泰非常矛盾,他深知凭着自己的力量是不可能改变这种矛盾的。

屠格涅夫曾经说过这样一句话:"一天不废除农奴制度,地主和农民之间就不能真正的互相了解和沟通。"

十九岁的托尔斯泰怎么可能理解这句话的意思呢?

屡败屡战的托尔斯泰

托尔斯泰回到雅斯拿雅·波里雅拿的初衷就是想把这里的农庄理想化,但是他的这个想法并没有得到实现,屡屡失败的他屡败屡战。

托尔斯泰将希望扩展到小孩子身上。

孩子们被赋予更多的责任,在不远的未来这些孩子能把雅斯拿雅·波里雅拿建成一个更为理想的乐园。如果想要让这个农庄更加神圣,首先要做的就是好好教育孩子们。

在他看来,大人们似乎已经无药可救,如今之计唯有好好培养孩子们,才能让雅斯拿雅·波里雅拿有更美好的未来。

但是,雅斯拿雅·波里雅拿并没有小学,这样一来即便农民的孩子想去上学,也没有机会。而这些农村适龄儿童的父母常年劳作,根本没上过学也不认识字,是没有办法教授这些孩子们知识的。

虽然教会的神父认识字,偶尔也有人请教他们,但并不是每一个人都有机会得到神父的教导。

因为农民的子弟们无书可念,便不得不留在家里照顾年幼的弟弟妹妹,或者是帮助自己的父母从事农活。最令托尔斯泰痛心疾首的是,因为没有接受良好的教育和引导,很多小孩子竟然学起大人的模样——抽烟,更多的时候还会因为无所事事而聚众打架。

"这怎么能行呢？"每每看到此种场景，托尔斯泰总是感慨，小孩子不能接受到应有的教育,长大之后怎么可能成为有用的人呢？

回到雅斯拿雅·波里雅拿的第二年，二十岁的托尔斯泰决心建设一座小学。他召集那些无所事事的农民子弟来到自己的书房，让他们参阅里面的书籍。

"你们瞧，这么多的书我大都读过。只有通过读书，一个人才能成为有用的人。"

听到托尔斯泰的这句话，很多孩子们的眼中都充满了期盼的目光，从这些灼灼的眼神中，托尔斯泰知道他们都想读书。

"少爷？"一个胆怯的声音响起，"您愿意教我们识字吗？"

"那是当然！不只教你们识字，我还要给你们讲很多有趣的故事呢！"托尔斯泰看到了孩子们的希望。听完他的话，那些农民子弟非常开心。随着交谈的深入，托尔斯泰愈发地认识到让这些孩子上学的重要性。

在他看来，无论是贵族还是农民，都应该处于天平的两端，获得同等的教育。难道只有贵族的孩子可以上学，而农民的孩子不能吗？这简直是谬论。

当然通过交谈，托尔斯泰发现在这些农民子弟中的确有一些天资愚笨的人，可是并不能就因此而盖棺论定农民子弟没有资格接受教育。第二天，一座小学便在托尔斯泰的家中成立了。可是幸运之神似乎从未眷顾托尔斯泰,就在这所小学开课的第三天,一位孩子的父亲莅临这里,但是他并不是来感谢托尔斯泰的。

"恳请少爷,千万别把孩子教坏了!"

"这说的是什么话?"托尔斯泰心想。

那位父亲诚实地说道:"少爷教授他们识字,现在这些小孩子回家特别神气。"

"神气?读书是好事啊,只有读书才能让孩子成为栋梁之材,难道你不愿意?"托尔斯泰非常诧异地问道。

"即便这些孩子读再多的书,也不能成为像少爷您这样的人啊!"

"那可未必!"托尔斯泰否定这位父亲的话。

"不,少爷,我非常清楚,贵族是贵族,佃农是佃农。"

听完这位父亲的话,托尔斯泰发现他脸上的皱纹似乎深了许多。试图再一次劝说这位父亲:

"即便如此,读书有什么不好的吗?"

"农民子弟就该喂马、放牛和割草!"

"孩子们一边做这些工作,一边读书,不行吗?"托尔斯泰问。

"当然不行了,就是因为读书,他们变得神气起来,不愿意再去做那些农活。"

不单单是这位父亲,政府也不愿让农民子弟读书。他们担心的是,一旦农民子弟懂得很多道理后,便不会听从政府的意见。

对于这种论调,托尔斯泰非常反感。在他看来,造成农民贫穷的主要原因正是因为知识的匮乏,如果再不通过接受教育而改变命运,那么他们永远不会得到幸福。

现在的情况是,这些农民既不想学习也不想改善自己的生活,如果再不让孩子们接受教育,那么等待他们的永远都是穷困的生活。

他们这样的性格完全是因为祖祖辈辈被欺压所致,已经逐渐麻木,因此才会出现"不让我的孩子接受教育"的父亲。

托尔斯泰本以为自己创办学校,一定会得到孩子们的欢迎,更会得到父母们的支持。但是,事实完全出乎他的意料。

尽管托尔斯泰使尽浑身解数向这位父亲阐述读书的重要意义,甚至亲自将他送了出去。可是这位父亲从头至尾,都没有露出哪怕一丝的笑容。

"少爷,您是这样的富有而年轻,您根本不了解我们家的具体情况。"说完这句话,这位父亲离开了托尔斯泰的家。

看着来上学的农民子弟一天比一天少,托尔斯泰深知这些孩子们的父母都不赞同农民子弟接受教育。到最后,终于变成没有一个农民子弟来上学了。

托尔斯泰来到每位佃农的家里劝那些孩子回到学校继续念书,得到的答复非常一致:

"如果我们不去喂马,我们就会挨骂。"

"如果我们不去放牛，我们就会挨打。"

…………

就这样，托尔斯泰的学校不得不以关门收场。这一次，他深深地反省，为什么自己的办学会失败。他总结到，他所办的学校不太适合农民子弟，倒像是专门为贵族子弟准备的。

只有办一所适合农民子弟的学校，才能帮助那些佃农得到幸福。虽然这次的办学失败了，但是托尔斯泰并没有后悔，因为在这次办学过程中，他得到了很多宝贵的经验。

在《人生之路》这本书中，托尔斯泰这样写道：

> 虽然小孩子比大人要聪明一些，但是他们更为纯真，在他们的脑海中不存在阶级和身份的差异，可以说他们的灵魂非常纯洁。

虽然学校关门了但是那些农民子弟却没有疏远他。

每当托尔斯泰外出游玩时，看到他的小孩子都会微笑着向他打招呼，这种笑容非常亲切。这一刻，托尔斯泰知道自己的心血没有付诸东流。

第三章

文学才华崭露光芒

真正知道自己的天职是什么

在托尔斯泰的认知里,每一个人都需要牺牲自己的一部分利益才能改造这个社会。在他的内心深处,他非常希望雅斯拿雅·波里雅拿能够成为一个他理想中的村庄。

有一句俗语说得好,"春天不是由一只燕子带来的"。但是在生机勃发的春天里,难道不让一只燕子飞吗?世间万物都能感受到春天的气息,如果种子仅仅是埋在土壤中,那么永远不会有春天。

为了建设自己理想中的雅斯拿雅·波里雅拿,托尔斯泰希望去做那第一只燕子甚至是第一百只燕子。无论在何种情况下,一个人只能有一个原则,那就是牺牲自己的部分利益,奉献自己的全部能量,让世界更加美好。

回到雅斯拿雅·波里雅拿的托尔斯泰,坚守的正是这个原则。但是做事情是讲究方法的,如果方法不对那么付出再多都不一定能达到效果。托尔斯泰面临的正是这样的情况,他的想法过于理想化,根本不切合实际。

托尔斯泰并没有责怪他人,而是从自己身上找原因。可是随着时间的推移,他有些自怨自艾。

他想起姑母说的话:"一个人只有经历一到两次失败,才能真正知道自己的天职是什么。"他知道姑母的意思,但是现阶段的他还不能接受这样的失败。

光明一直是托尔斯泰所希冀的,可是现在的他正处于光明的反面,他成为"居住在黑暗中的人",他非常沮丧。为了让自己暂时忘记痛苦,他开始以酗酒、打猎和打桥牌来度日。

当光明的信念充盈在他的胸怀时,太阳似乎也照耀着他的理想。但是当黑暗充斥在自己的内心时,他只能选择无奈度日。

非常苦恼的托尔斯泰又回到莫斯科,打算在那里谋生。他想,也许离开了雅斯拿雅·波里雅拿,自己可以重新开始一种新的生活。

可令人遗憾的是,因为他没有大学毕业证书,因此找工作非常困难,无奈之下他只好再次返回雅斯拿雅·波里雅拿。

非常关心他的女佣看到他沮丧的模样，劝慰他说：

"少爷，为什么您那么看不开呢？世上尽是不如意的事，您应该忘记那些琐事。"因为她并不了解托尔斯泰为何痛苦，因此她安慰的话对于托尔斯泰来说，只是隔靴搔痒。

"你不知道，我并非为琐事挂怀，恰恰相反啊！"

在托尔斯泰的心中，他并不介意琐事，他可是一个地主，怎么可能为琐事困扰呢？他所困扰的是，远大的理想不能得以实现。

"少爷，我没读过书，并不知道你为什么大事困扰。但是我觉得少爷是为了讨好那些农民才痛苦的，现在那些农民已经开始害怕您了！不知道我想的是不是对的，我认为只要随意应付那些农民就好了。像少爷这样对他们低声下气，结果还不讨好，这是何苦呢？"

女佣一股脑说出了自己的想法，家人都无法理解托尔斯泰现在的心情，他更加痛苦了。好在，就在这个时候，援手出现了。

"哦，托尔斯泰，少年时代的沙漠还在束缚你吗？"

一天，一个骑在马上的人突然向托尔斯泰问道，抬眼看清来人，托尔斯泰突然眼睛一亮，似乎看到了希望。这是谁呢？

正是托尔斯泰的大哥尼科莱，此刻他穿着军装骑在马上，威风凛凛。这可是大哥当兵之后第一次回到雅斯拿雅·波里雅拿。

"大哥，您回来了？"

"当然了，我专门回来看看我的地主弟弟有多神气啊！"大哥说道。

两兄弟边走边说来到了二楼的客厅,以前这里是父亲的书房。打量着这个房间,尼科莱不禁感慨:

"看见这房间,就有一种亲切感油然而生,小时候我总是爬到那张椅子上玩耍。"

说着,尼科莱坐在了那张椅子上,继续说道:

"我们的爸爸以前最喜欢坐在这张椅子上抽烟,爸爸去世有十几年了,可是这张椅子似乎还留有爸爸的气息。"

"是啊!"托尔斯泰接着说,"爸爸离开我们已经有十五年了,时间过得可真快啊!"

"十五年?我感觉更像是昨天!"尼科莱惊奇地说。

看得出来,尼科莱非常怀念他的父亲,说话的时候也一直用手去摩挲那张椅子。托尔斯泰这个时想要缓解大哥的哀思,向他问道:

"大哥,你在部队过得怎么样啊?"

"还不错!"尼科莱话锋一转,关心到自己的弟弟身上:

"你怎么样啊?当地主的生活一定非常幸福吧?"谁知,这个问题完全让托尔斯泰沮丧起来。

"大哥,您想错了!我现在对当地主完全丧失兴趣了,我曾到莫斯科尝试找一份工作,但是未果。"

"你想离开雅斯拿雅·波里雅拿?"托尔斯泰点点头,大哥非常诧异，追问道："这是为什么呢？"

"大哥，我最近在读一部古书——中国孔子写的《论语》，里面有句话说'三军可夺帅也，匹夫不可夺志也'。"

"难道是，你做地主的理想没有得到农民的支持？"

托尔斯泰点点头，垂头丧气地说：

"从小到大一直在经历失败，如果非要在其中找到一些成就，那么只有前年在贝德尔普鲁格大学参加了学士考试，通过了民法和刑法，成了一名学士。"

听完托尔斯泰的话，尼科莱安慰道：

"我们的地主，原来是在因为理想和现实的差距而沮丧啊！"

托尔斯泰点点头，没有说什么。尼科莱重重地叹了一口气：

"我的弟弟这样痛苦，而我这个做哥哥的竟然一点也不知道。"

"本来我想给您写信告诉你，但是我害怕被嘲笑，于是没有写。"

托尔斯泰赶紧解释。就这样两兄弟一边说话一边喝酒，整个晚上托尔斯泰都在诉说自己的苦恼，大哥尼科莱就这样静静地聆听，最后他给托尔斯泰的建议是：

"像你这样的情况，暂时离开家乡也未尝不是一个好的办法。要不跟我去高加索怎么样？换一个环境，说不定你的心情会好很多。"

听了这句话，托尔斯泰那尘封的心仿佛透进了一缕阳光。在过往那痛苦中苦苦挣扎的他怎么没有想起向自己的哥哥寻求帮助呢？

于是，托尔斯泰决定跟哥哥到高加索去。当然，他并不是彻底离开雅斯拿雅·波里雅拿，只是暂时离开以便日后回来能够更加清醒。

跟随大哥来到高加索

1851年的10月20日，托尔斯泰跟随大哥尼科莱来到了高加索。放浪形骸的尼科莱没有乘马车带弟弟去往高加索，而是选择购置一条帆船，载着马车顺河到达下游的港口。

抵达港口之后，托尔斯泰一行人等卸下马车，翻山越岭来到了营地。伟大的诗人普希金和奇才雷门特夫都曾经赞美过高加索营地，托尔斯泰也觉得这里非常美丽。

来到高加索之前，托尔斯泰一直认为雅斯拿雅·波里雅拿是一个清爽明朗的地方，他曾经为那里的美丽骄傲。但是在高加索，托尔斯泰看到了更加丰富多样的美丽。这里依山傍水，站在高加索的土地上，托尔斯泰也感受到了不一样的清爽。

抵达高加索不久，托尔斯泰跟着哥哥来到另外一个有温泉的新营地。这个营地靠近温泉的山路，由野战帐篷搭成，所在地位于山麓一侧，站在这个营地往远处望去，山峰层峦叠嶂，分外美丽。

在写给姑母的信中,托尔斯泰说这里美得只能用"壮丽"来形容,信中这样写道:

这里到处都是由石堆叠成的山,有的岩石因为崩塌形成了一个独特的山洞,有的岩石则是高耸着仿佛要把天穿透,有的岩石因为泉水的渗透发出声音。

拂晓,站在泉水源头看向断崖,温泉的水蒸气缓缓升起,有一种难以形容的朦胧美。温泉水温度极高,三分钟便能煮熟一个鸡蛋。三两风车点缀着山谷,车房构造非常特别。

鞑靼族的女人们经常来到风车旁边洗衣服,他们洗衣服的方式非常少见,居然是用脚去洗衣服。站在营地看着她们就像蚂蚁那么小,他们长得非常健壮。虽然穿着简单,但是难掩他们的美丽。

在原始的自然背景映衬下,我永远都像是在欣赏一幅名画,经常看上几个小时……

虽然托尔斯泰深陷于这里的美景,如痴如醉,但是他并没有忘记雅斯拿雅·波里雅拿,来到高加索这让人心灵涤荡的地方,托尔斯泰经常反省自己的过往。

来到高加索的第二年,即1852年。在8月28日,过生日的托尔斯泰是这样在日记中写的：

今天我24岁了，可惜的是我毫无成就。过去的几年，我一直在跟自己的欲望进行搏斗，为了自己的理想奋斗，可是我却没有取得任何成就。这是因为什么呢？

我想，从现在开始我应该为了我的理想付出更大的努力，心急吃不到热豆腐。对于现在的我最重要的就是，在美丽的高加索认真思考，找到我的精神寄托。

在高加索住了四年的托尔斯泰，深陷这里的美景不能自拔。这里有原始的大自然、朴实的生活、小桥流水、澄澈的天空……美得令人窒息。托尔斯泰将自己的心灵寄托在这里，非常高兴。

有一天，尼科莱听到托尔斯泰对自己的感谢：

"大哥，我要感谢你！是你把我带到这样美丽的地方的，在这里我仿佛从死亡的边缘解脱了。"

尼科莱非常高兴弟弟能够这样说。

"冬日，只要看到远处山峰白雪与天空连成一片，我的心就在严肃、振奋中交织起来，每每此时我都会对自己说'是时候努力了'！"

"真好，托尔斯泰，请谨记这句话！"

"当然！"面对大哥的嘱托，托尔斯泰坚定地回答。

来到高加索的当年夏天，托尔斯泰便参加了义勇军。冬天的时候通过了考试，被任命为云盖鲁，即贵族出生的军官。他被安排在第二十四旅第四炮兵营，这意味着他终于和其他贵族一样参军了。

俄国幅员辽阔，由很多民族构成。高加索就生活着不同的民族。

15世纪的俄国以莫斯科为中心，形成莫斯科公国。随着公国的面积逐渐扩增，导致鞑靼族被迫迁到东南地区。与此同时，亚斯特拉罕汗国和卡占汗国也被公国吞并。

这样一来，莫斯科公国的实力逐渐庞大起来，甚至延伸到了高加索。可是，扼守高加索山脉斜坡地区的山地民族，便利用地形的优势来对抗莫斯科公国的军队。

19世纪初，为了镇压这些少数民族，科畔河右岸和特列克河左岸处设立了莫斯科公国屯垦军，即是一边防守一边种地的军队，他们有一个名字叫作"哥萨克"。

山地民族非常勇猛，即便哥萨克再能打仗，但是明枪易挡暗箭难防，山地民族经常搞偷袭，哥萨克的军人经常遇袭成为俘虏。

在所有的少数民族中，住在特列克河左岸森林地带的查干追族最为彪悍。人们都以为这个民族已经被哥萨克消灭了，但真实情况并非如此。他们常埋伏在森林入口处等待哥萨克，然后偷袭。

在托尔斯泰刚刚到达高加索的时候，哥萨克正在征讨这个民

名人励志传记丛书

族。因此当托尔斯泰当上志愿兵之后不久,便被派去前线作战去了。虽然敌人数量不占优势,但是他们非常剽悍,入伍不久的托尔斯泰差点成为俘虏。

当然,战争并非每天都发生。有时候,一个月都没有一场战斗。另外一些时候,一场战斗会持续长达一个月。

说起来也很奇怪,没有战争的时候,大家都会感觉非常无聊,不是喝酒就是赌博,就是为了消磨这无聊的时光。

当然,托尔斯泰也身在其中。虽然他一开始并没有参与赌博,但后来,因为生活的无聊,也参与了赌博,并且因此欠下了一笔债。虽然参与其中,但是他却不痴迷。他常常利用碎片的时间,去读书、记笔记和思考。也正是在这个时候,托尔斯泰开始写起了小说。

在美丽的高加索当兵,托尔斯泰觉得军人生活并不能满足自己。就好像在雅斯拿雅·波里雅拿,他并不满足当一名地主一样。正是因为如此,他才非常痛苦。如果他能从地主生活中得到满足的话,那么他便能轻松地获得愉悦,还怎么可能苦恼呢?

到底是什么引起了托尔斯泰的痛苦?追本溯源,可能来源于他内心的理想。他不愿自己只是芸芸众生中平凡的一个人,他深深地觉得自己的生命是为了众人而存在的。回忆过往的岁月,他不免彷徨,他总在想,自己到底应该做什么呢?

当思绪起伏,写小说的念头便油然而生。姑母曾经说过:

"如果一定要找出痛苦的根源,那只会让自己更加痛苦。只有将它解决掉，你才能推开希望的窗口。"

现在想来，姑母的这句话令托尔斯泰有醍醐灌顶之感，那时的他无法做一个明确的决定，而现在，应该做一个了断了。

1851年的11月12日，托尔斯泰写了这样一封信给姑母：

> 姑母，以前您劝我写作，您还记得吗？现在我想听从您的意见，虽然我不知道什么时候能够发表，但是我却因为即将展开的写作生涯而开怀。我拿着笔的手开始发抖，仿佛它再也停不下来了。

托尔斯泰最初完成的作品是《幼年时代》，这篇文章是在1852年7月15日完成的，这一天是值得他一生纪念的一天。

后来，托尔斯泰为这本书换了另外一个名字——《四个时代的故事》，除了《幼年时代》，还加上《少年时代》《青年时代》和《成年时代》三部。托尔斯泰并没有完成第四部《成年时代》。

文坛上冉冉升起的新星

完成《幼年时代》后，考虑再三，托尔斯泰将这部原稿寄给了《现代人》杂志的编辑部，这个编辑部的主编是诗人尼克拉索夫。这个时候，托尔斯泰署的是笔名而非真名。

原稿的后面，托尔斯泰附上了自己的一封信：

……这篇文章是长篇小说《四个时代的故事》的第一篇，寄过去的是我前几天刚刚完成的原稿。如果能够被选中，那么我会着手写第二篇。自此，我焦急等待您的回音。

焦急的托尔斯泰在两个月之后才收到尼克拉索夫的回信。信中是这样写的：

我已拜读出自贵手的《幼年时代》，源于故事的有趣性，我决定将其刊载在《现代人》杂志上。

虽然在未看到续稿前，我没有办法给予其客观的评价。但我可以肯定的是，您的文学素养非常深厚，仅仅从这篇的内容来看，日后必定能受到大众的欢迎。

我现在非常期待它的续稿，如果能写得更加具有趣味性，那么它一定会是一篇非常优秀的佳作。我欣赏您的天分，期待您的续稿。

我注意到原稿署名是 L.N.，为了方便日后的发表，希望您使用本名。

看罢这封信，托尔斯泰非常高兴。他会铭记这一天——1852年9月10日。在这一天的日记中，他写了这样一句话：

"这封信,给我带来喜出望外的好心情。"

一个月之后,托尔斯泰收到了尼克拉索夫的第二封信:

在上一封信中,我已经阐述了对你作品的一些感受。现在,我有义务说另外一些话。您的作品《幼年时代》已经送去印刷厂了,这样才能使其刊登在《现代人》第九期杂志上。当我看到了印刷厂的校对稿之后,我发现原稿更多的优美之处,可见作者的确具备写作的天分。

刊登贵作的杂志将于明天开始在彼得堡书店销售,我们也会寄一部分给你,但是需要向您说明的是,三个月之后您才能收到。

当然,贵作中有一些细微的地方需要删改,以后我会详细向您说明。如果您手里已经有续稿,请您尽快寄给我。

对了,还有一件事差点没跟您说。虽然可以推测出作者的本名,但是文化局有规定,署名必须是本名。

看完这封信,托尔斯泰感觉自己好像飞到了天空一样。靠着自己的力量,托尔斯泰得到了稿费,他的人生道路似乎更加明确。

之前因为赌博他欠了一笔债,因此他急于得到这笔稿费,于是他修书一封,希望对方尽早给他结稿费。可是尼克拉索夫的第三封信似乎不那么给人希望,信上是怎样写的:

关于稿费的事情，请原谅我之前没有向您提起。是这样的，我们《现代人》杂志是一流杂志，因此第一次刊登作家处女作的时候，是不付稿费的，请您见谅。但是，从第二篇作品开始，我们就会按照我国著名作家的最高稿费标准，付给您稿费。

恭喜您，您的第一篇小说的刊载非常成功，因此我们十分期待您的第二部作品，如果完成请您尽快邮过来。另外，我们必须知道每位作者的真实姓名，因此请告知您的真实姓名。

还需要向您说明的是，由于本月的《现代人》杂志销售情况非常喜人，因此所剩无几，如果您一定需要，那么我可以在污渍本中拆下您的大作，寄给您。

最后向您说明，请您尽快将您的续作邮寄过来，建议您采取故事的体裁进行写作。静候佳音！

看来，大众对《幼年时代》有很深的喜爱，托尔斯泰非常高兴。因此他马上投入到接下来的创作当中，并且月1854年完成《少年时代》和1857年完成《青年时代》。写好之后，托尔斯泰迫不及待地将稿件寄给《现代人》杂志社发表。

托尔斯泰并没有把自己过往的人生都写进这三部小说中，虽然部分内容与事实情况有些出入，但是可以保证的是小说中主角的人生轨迹就是以托尔斯泰为蓝本的。

因为这三篇小说，托尔斯泰成为文坛炙手可热的新星，奠定了其成为文学家的基础。虽然这三部小说得到了大众的喜爱，但是却没有得到俄国全体文学家的赞美。这三部小说只是迎合了部分人群的阅读欲望。

当然，《现代人》杂志的主编表达的都是自己内心最真实的想法，副总编辑帕那伊埃夫也是打心眼里喜欢托尔斯泰的作品，他每晚都会朗读他的作品，并且能够背诵整篇作品。

托尔斯泰的妹妹玛丽亚的住处离屠格涅夫家非常近，两人的往来从未断过。一天晚上，屠格涅夫拿着一本《现代人》杂志来到玛丽亚家，称赞杂志上刊登的《幼年时代》写得非常好。

当他朗读一段之后，玛丽亚红着脸尴尬极了，因为她觉得情节跟自己家里发生的事情非常相像。虽然之前托尔斯泰告诉姑母要写作的事情，但是他并没有告诉玛丽亚。

在与屠格涅夫的交谈中，玛丽亚并没有说出心中的疑惑，但是这种巧合真是奇妙。

同样的惊讶也发生在屠格涅夫的身上，他怎么可能想象到，这篇小说的作者正是邻居的哥哥呢。

不久后的一天，屠格涅夫给《现代人》杂志的主编写了一封信：

《幼年时代》的作者一定会有一个光明的前途,你应该马上催他写续稿。我有一个不情之请,希望在您给那位作者的信中加上一句——屠格涅夫为他鼓掌。

开始抵触军旅生涯

在高加索从军阶段,托尔斯泰也在写其他作品,比如在1853年完成的《盗伐山林》、1863年完成的《哥萨克》、1872年完成的《高加索的俘虏》等。

《哥萨克》在完成的那一年就刊登在《俄国新闻》上,但是只有托尔斯泰才知道早在1852年自己就动手写这部作品了。

这几部作品是托尔斯泰在高加索的生活日记,虽然里面的情节有所润色,但是基础正是高加索的生活。因此读者们都能从中窥探到托尔斯泰的生活状态,更有的人可以从中发现托尔斯泰的人生观。

在《哥萨克》这部作品中可以体现现代文明对抗的思想。《哥萨克》描述的是奥里埃宁逃出无所事事的城市生活,来到原生态的高加索中,体验到独有的安乐。

在这篇作品中,托尔斯泰还铺设了丰富的爱情线。他希望在这本书中埋下幸福的气息,这完全是他的个人感受。在休闲的哥萨克人式生活状态中度过了四年之后,托尔斯泰开始抵触军旅生涯。为什么呢?

因为他把军人和杀人联系到了一起,虽然高加索并非天天都有战争,偶尔大家会非常无聊。当有战事的时候,身边的许多同伴都会面临死亡的威胁,因此很多士兵都用酒精来麻痹自己,以此缓解对战争的惧怕。

在托尔斯泰看来,这些都是欺骗自己的行为。虽说他们都是为了皇帝而战,但是人们之间这样互相残杀,简直是违反了良心啊!

随着思考的深入,托尔斯泰再次苦恼起来。虽然高加索的景色非常优美,但是大家完成的并不是一件美丽的差事。

在《人生之路》中,托尔斯泰便这样写过:"也许说起来有些令人恐惧,但是人们的战争都是以爱国为初衷的。"

这是日后托尔斯泰的领悟,但是当时的他并不能想得这样透彻。可是不可否认的是,投身到战争之后,托尔斯泰便开始讨论战争了。因此参军四年之后,托尔斯泰终于厌烦战争,并且向上级辞职。

不幸的是,1857年11月,俄国向土耳其宣战,这就是著名的"克里米亚战争"——为了征服土耳其,尼古拉一世主动宣战。

本来打算离开军队的托尔斯泰听到这个消息,却开始热血沸腾起来。凑巧的是,自己的辞呈并没有得到批准,因此在一位极具势力亲戚的帮助之下,托尔斯泰成功加入前线的战争中。

经过训练,托尔斯泰升为陆军炮兵少尉。来到前线参加多瑙河军团之后，托尔斯泰担任团掌旗官，真正踏上激战的地区。

战火向四处燃烧，托尔斯泰一心奔向主战场，他甚至愿意奉献自己的生命。幸运的是，他真的被派往前线。可是又非常不幸的是，途中生病的他直到1854年的11月7日，才成功到达菲利波波利。托尔斯泰刚抵达这里，便被任命为炮兵第十四旅第三轻炮连副连长。

要知道，这次战争最为激烈的地方就是菲利波波利，作为要塞，这个地方以坚固出名。在这一次攻防战中，因为法军和英军的加入，导致俄军连连败退。此时俄军最后死守菲利波波利，一名士兵都没有撤退。

这是俄国历史上最为光荣的一场战争，托尔斯泰参与了此次战役。但是就在战争爆发后第二年的9月，托尔斯泰因为公事被调往贝德尔普鲁格。但他依然在战争的硝烟中穿梭。

在菲利波波利，以托尔斯泰为中心成立了一个报道站，他的工作就是每天把前线的战况传送到贝德尔普鲁格。托尔斯泰还会把战记邮寄到《现代人》杂志社，于是他的很多报道都刊登在了这本杂志上。

他的第一篇报道——1854年12月的《菲利波波利战记》被刊登在杂志上之后，恰逢尼古拉一世驾崩，继位的亚历山大二世看到托尔斯泰的报道之后，大加称赞，并说："务必要好好犒赏这位写作的人，并且好好保护他在前线的安危。"

他下令将这篇报道译成法文再次发表。虽然日后托尔斯泰有很多作品被译成各国文字，但是这是第一篇。

托尔斯泰的第一篇报道感动的不单单只有皇帝一人，尼古拉一世的皇后读后也非常感动。

到达菲利波波利的第二周，托尔斯泰在11月21日给哥哥西尔涅写了一封信：

> 我无法用笔写出战场上浴血奋战的那些战士们，即便是古希腊的战士都无法与这些英勇的人相提并论。
>
> 将军克鲁尼洛夫巡视的时候总要大声说话，但他说的并不是"大家好"，取而代之的是"大家要死得有价值"。官兵给予他的回答是：当然会有价值，将军万岁！
>
> 听起来似乎有些荒谬，但这并不是开玩笑甚至是虚荣地吹牛，说这话的时候，大家脸上洋溢的都是赤诚。
>
> 事实也的确如此，在战争中，已经有两万两千名官兵"死得其所"了。而受伤的战士，也都不愿意离开战场。
>
> 在敌人的枪林弹雨中，海军陆战队紧紧守住炮台，长达三十多天。更会因为不想交接后续部队，而差点发生暴乱。
>
> 不单单是军人，连那些妇孺们也很勇敢，为了支援军人，他们自发地组成敢死队。他们冒着生命的危险，为

前线的战士送水。有很多妇女因此战死。即便如此，也没有人胆怯退缩。

这里的教士也是勇敢的代名词，他们拿着十字架从这个碉堡匍匐到另一个碉堡，只为那些军人们祷告。士兵们更加勇敢了，不想从前线撤退的伤员竟也高达一百六十人。

在日记中，托尔斯泰更加详实地记录：

当国家遭受危难之际，俄国人民极具道德意识。无论遭遇多么悲伤的事情，他们都会勇敢地站起来，表达自己对祖国的热忱。现在为了国家而战死的人，将来都会名留青史。

在高加索被"战争罪恶"困扰的托尔斯泰，不再有这样的感觉。他相信，俄国人民是勇敢的，不会在任何一场战争中失败。为了自己的国家，没有一个俄国人民会退缩，即便可能牺牲生命也毫不退缩。

最初，俄国在这次战争中占了先机，但就在胜利前的最后一刻，法国和英国却突然支援了土耳其，因此战况大变。

不久之后，俄国在这场战争中不再具有优势。先是多瑙河的友军开始撤退，继而是菲利波波利的防御工事失守，导致尸骸遍野。

初期被派往预备队的托尔斯泰还相对清闲，但是随着战况的白热化，他被调往最危险的第四堡垒上负责防守工作。八天内上岗四天，托尔斯泰要置身于炮火当中。但他抱着时刻为国捐躯的决心。

托尔斯泰是一个不折不扣的爱国主义者，为了自己的祖国他不怕牺牲，他认为牺牲是爱国的表现。但是到了1904—1905年这个阶段，他极度反感战争。这是为什么呢？

托尔斯泰曾经在《一日一善》中进行自我剖白：

> 为了获得权力和名誉，一些背负滔天大罪的人开展暴戾的行为，这是战争最令人憎恨的原因。
>
> 如果大家因为"战争"都去杀人，那么杀人也是无罪的了。

这之后的三年，克里米亚战争结束了。当大家沉浸在民族狂热的意识中时，托尔斯泰对战争并没有很深的感悟。可是当托尔斯泰来到西欧度假，他参观了巴黎的断头台后，他顿悟了。恢复自我的托尔斯泰，在内心中呐喊："拒绝暴力，不能随意残害他人。"

无论如何，战争都是血腥的。

离开高加索回家探亲

雪片飞扬下来，围绕着马车跳舞，马腿深陷在大雪里，不时有大雪从车篷上落了下来。天气这样寒冷，托尔斯泰的脸上不时有打着旋下落的冰冷的雪花，那些调皮的小玩意钻进了他的衣领里。

托尔斯泰抬头张望四周，除了朦胧的月光和肆虐的风雪，只有白茫茫的一片。这暴风雪是多么可怕啊！被冻得实在没有办法，他从马车上下来，在车后小跑起来。

他突然想起小时候自己和小马车赛跑的情形。那时的自己是多么可爱啊！他不由得这样想。

这是1854年的1月的一天，托尔斯泰坐着马车离开高加索回家探亲，这本来是令人高兴的日子，却不料在途中遭遇了暴风雪。

在风雪交加中穿越2000公里，半个月之后，托尔斯泰才回到了家乡雅斯拿雅·波里雅拿。

当他回到家时，大家都在欢呼雀跃。塔迦娜看见托尔斯泰便把他抱在自己的怀里，流下喜悦的泪水。

丰盛的洗尘晚宴结束后，塔迦娜伯母拽着托尔斯泰来到壁炉旁边交谈。托尔斯泰非常享受这次的高加索之行，也许是因为微

醺，他一直在兴奋地谈论这次战场的生涯给予他的收获。

看着托尔斯泰双颊通红，眼睛亮亮地讲述着那战争的一切，伯母非常欣慰，托尔斯泰终于长成一个男子汉了。

可是托尔斯泰却非常心疼自己的姑妈，他感觉到伯母明显老了。虽然眼角和额头布满了皱纹，但是伯母的目光依旧那样的慈祥，让人看了就感觉到无限的温暖。

"托尔斯泰，你能回来可真是太好了。这样一来，你就能安心地写你的小说了。"伯母希望托尔斯泰回来，继续完成自己的事业。可是出乎她意料的是，托尔斯泰竟然还想继续服役。伯母不禁询问道：

"继续服役？有这个必要吗？"

"当然！"托尔斯泰非常坚决地回答，"我这次回来是探家，虽然我提交了退役申请，但是就在去年10月爆发了俄国和土耳其的战争，因此我已经申请去多瑙河部队了。这次探亲回去之后就启程。"

"还是上前线？"这是伯母最担心的一个问题。

"是的，伯母。在战场上我非常勇敢，本来有几次机会可以获得勋章，但是它们却与我失之交臂。"

"这是为什么呢？"伯母急切地问道。

"前两次是因为没有携带证件，第三次是把这个机会让给了一个老兵，最后一次是因为半夜下棋耽误值班，被发去禁闭。虽然很遗憾，但是我相信我终究会获得的！"

托尔斯泰此次探亲时间并不长。得知他回来的消息，妹妹和妹夫带着孩子来到了雅斯拿雅·波里雅拿。同样身为贵族的妹夫，拥有位于波克罗夫斯科耶的庄园。

见到托尔斯泰之后发生了一件趣事，妹妹拿出了一本《现代人》杂志，让托尔斯泰翻到刊登《幼年时代》的那一页，并问他：

"哥哥你看，这上面写得好像是我们小时候的事情呢，你说这是我们大哥写的吗？屠格涅夫向我推荐这篇小说，他说写得非常好……"

"哦？你认识屠格涅夫？"托尔斯泰不答反问，"就是写《猎人笔记》的那个作家。"

妹妹先是笑了一下，嗔怪托尔斯泰的大惊小怪，接着说："他家就在我家庄园旁边，还经常到我家做客呢！"

还没等托尔斯泰说话，伯母笑着说：

"玛丽亚，这上面写的就是你们小时候的事情，但是并不是你大哥写的，而是出自你小哥之手。"

"哦，天呐！"玛丽亚非常震惊，"我说你怎么不署名啊！"

就在这个时候，玛丽亚五岁的孩子缠着托尔斯泰给他讲故事。托尔斯泰宠溺地抱起自己的外甥，轻声地给他讲起一个故事：

"从前有一个峡谷叫作扎卡斯，在峡谷的旁边有一大片森林，一个小绿杖静静地埋在这座森林里面，上面写着……"

"我知道,写的是让人永远幸福的秘诀!"小外甥抢着答道。

"恩?你是怎么知道的呢?"托尔斯泰好奇地问到自己的小外甥。

"是妈妈给我讲的!"小外甥说道,"妈妈还答应我,这次回到雅斯拿雅·波里雅拿一定带我去找那根小绿杖,小舅跟我们一起去吗?"

"哈哈……你妈妈啊。真是心急,就算是找那根绿杖,也要等到夏天啊!你看看外面,大雪覆盖了森林,怎么可能找到呢?"

"那我只能跟妈妈等到夏天去了!"小外甥似乎有些沮丧。可是托尔斯泰并不能等,3月中旬一到,他便启程前往多瑙河参军了。

临出发的时候,害怕自己不能再回来,于是他写了一封遗书。与家人们告别的时候,景象十分悲壮。伯母流着眼泪嘱咐他说:

"就算是为了伯母,你都要回来啊!上帝会保佑你的!"

俄国文坛的奇迹

1855年11月,一纸命令将托尔斯泰调往圣彼得堡执行报道的任务。

在这里,托尔斯泰创作了继《幼年时代》之后的又一佳作——《塞瓦斯托波尔的故事》,正是这部作品让他跻身著名作家的行列,因此这对于他来说是幸运的。

这份幸运要感谢亚历山大二世，他下令保护这位战地报道人员的安全，托尔斯泰的安危需要保护。

得知托尔斯泰要来到圣彼得堡，当地文化界的人士都非常高兴，屠格涅夫称赞托尔斯泰是"俄国文坛的奇迹"，还说："在枪林弹雨中写出令世人瞩目的战记，却并非出自军人之手，是奇迹中的奇迹。"

很多人非常同意屠格涅夫的说法，因此他们视托尔斯泰为文坛的一大新星。之前投稿《现代人》杂志社时，托尔斯泰并没有使用自己的真名，当他使用本名发表文章时，大家的期待全部集中在了他的身上，他当然非常高兴。

记得小时候，有一次托尔斯泰想尝尝飞翔的感觉，便从二楼张开双手往下跳，双手并非翅膀，便坠落到了地上。现在的他，已经名声大振，他真有一种感觉，可谓飞上青天了。

这时，正是亚历山大二世解放农奴的前几年，俄国正处在觉醒时期。很多知识分子和文学家都集中在圣彼得堡，讨论战争、文艺和农奴解放。他们都认为，社会的发展和社会的进步，都得仰仗这些知识分子推动，因此托尔斯泰正在被大家欢迎和期待着。

那时的托尔斯泰是这样在日记中描述的：

> 最近，我真正认识到，俄国人民是多么地敏感于功绩，那些文化界的人士都非常喜欢跟我交朋友，他们看见我

跟我热情地握手，向我打听战争的情况。晚上，他们还要我共赴晚宴，我当然非常感谢他们的款待，同时会将很多关于前线的激烈的战斗情况讲给他们听。

表面上托尔斯泰非常喜欢这样的状态，但是只有他自己知道自己的内心充斥着难掩的空虚和寂寞。

每当他与上流社会的那些人推杯换盏时，时常有一个声音在脑海中回旋，那就是"我们要死得有价值，万岁阁下"。

每每脑海中响起这样的声音，托尔斯泰看着眼前的上流社会的人、俄国的文学大家，他就在问自己"到底谁才是真正的俄国人呢"？

与那些驰骋沙场的军人相比，眼前的这些所谓推动俄国文化发展的作家、给人们带来幸福的文学家，谁更愿意牺牲自己的生命去捍卫俄国的尊严呢？这样的问题，使托尔斯泰陷入了更深的空虚当中。

在繁华的晚宴中，托尔斯泰经常灵魂出窍，思考着战场上的人与眼前的人，谁更有一颗爱国的心？谁更能代表俄国真正的尊严？谁更能为了俄国贡献自己一切呢？

虽然四周面对的都是圣彼得堡的名人和作家，虽然大家都在品美酒，但是托尔斯泰仍然不能掩饰心中的空虚，他的眼中饱含泪水。

渐渐地，对这一切他产生了抵触的情绪，这使他与屠格涅夫几乎要产生正面的冲突。托尔斯泰说：

"人人生而平等，为了让大家获得幸福，思想家担负重任。而在这些思想家当中，那些诗人和艺术家更具代表性，因此他们应该带领大家找到真正的人生道路。"

但是与身边的艺术家接触得多了，托尔斯泰觉得大部分都是没有人格和道德的顺应者，即便他们是所谓的"上流人士"。自己在部队认识了很多所谓的"下层人士"，他们才是具备牺牲精神的人。

当回忆起塞瓦斯托波尔的那些敢死队战士们的英雄气概时，托尔斯泰便直白地说出心中已久的话——指责那些上流伪君子般厌恶的人。

然而屠格涅夫非常伤心，反驳道：

"你不单单是塞瓦斯托波尔的勇士，更是一个贵族。我非常了解你的出身，显然你的语气中充满了贵族独有的骄傲和轻慢。"

毫不认输的托尔斯泰抬抬眉毛，不甘心地说：

"请问，你们在后方是怎么教导别人的？你们都不反省吗？"

屠格涅夫再次反驳：

"为什么你那么不信任我们呢？相对于前线的战士，我们这些艺术家难道就没有真正在拼搏的人吗？请你收起你那令人讨厌的脸色好吗？我真是受不了，你那鞭策他人的锐利眼神！"

要知道，托尔斯泰的眼神本来就极具威严，加之刚从战场回来，因此他的眼神中总是闪烁着锐利的光芒。每每看到托尔斯泰的眼神，屠格涅夫就会大声反驳他。

在许多没成名的作家中，屠格涅夫是最先欣赏托尔斯泰作品的，但是托尔斯泰却这样跟他说话，难免令他生气。同伴们说道：

"托尔斯泰好像间谍一样，监视我们的一举一动，但凡我们稍做了一些事情，他好像会马上把我们抓进牢里一样，他不是我们的伙伴。"

听到这样的指责，托尔斯泰马上澄清：

"你们误会我了！我之所以生气，是你们没有深刻地去体验人生，而且你们常以优越、特殊的人自居，因此我才会对你们失望，我不喜欢看到你们这样洋洋得意的样子。"

的确如此，托尔斯泰是"我口说我心"，他只不过是坦陈自己的想法罢了。当托尔斯泰从雅斯拿雅·波里雅拿和高加索来到圣彼得堡这样繁华的都市中，起初的一段日子，他的确认为这些文学家是神圣且不可侵犯的大人物。但是随着交往的频繁，他们表现出的轻薄让托尔斯泰非常失望。他们只会空谈理论，没有一个人能够有真正意义上的奉献。

在这样指责那些人的同时，托尔斯泰自己的内心也在时刻进行着自我反省。这一点，从托尔斯泰的日记中就可以见到端倪。比如在1854年7月7日的日记中，是这样写的：

我想我最大的缺点，就是不谦虚。我是一个什么样的人呢？我是一位已经退役的上校的四个儿子中的一个，年幼的时候便失去了双亲，伯母像母亲一样疼爱我。虽然我没有接受过什么正规的教育，但是我现在用笔写作。

十七岁那一年，我自由了，即便没有任何财产和所谓的社会地位，但是我做了自己最想做的事情。结果可以说非常糟糕，因为没有目的和乐趣，浪费了我生命中最为绚烂的那段时间。

没有办法，无奈之下我只能选择逃避，并且形成自暴自弃的生活习惯，我把自己放逐到了高加索，在那个地方我依靠先父的关系，当上了掌旗官，二十六岁的时候便加入了达纽市部队。

现在的我，除了薪水，没有任何进项，要知道，我的钱全部要留下来偿还之前的债务。我没有任何监护人，更没有上流社会的社交能力，此外还匮乏工作能力，我有的仅仅是一颗赤诚的心，但是现在我应该反省的是，自爱的我是否在个性上有不完美？

我长得不美而且疏于打理，我社交方面的修养欠佳，加之脾气不是很好，因此别人眼里的我是一个不懂谦逊、了无趣味的人，总而言之非常让人厌烦就是了。

害羞的我没有任何学问，肚子中仅有的一点墨水也是陆陆续续勉强习得的。在为人方面，我优柔寡断、情绪善变，不懂得节制，可是让人啼笑皆非的是，我虚荣心爆棚，不能控制自己的情绪……这些特点意味着我是一个没有修养的人。

我胆怯，生活中非常懒惰。但是我不贪心，追求善良的本我。因此一旦离开善良，我就会不安。我相信，我对名声的钟爱胜过善良。我有强烈的荣誉感，如果有人问我：名声和善良，只能二选一，你会选哪个？

我会回答前者，我就是这样一个虚伪的人。

与圣彼得堡的文学家进行激烈辩论时，托尔斯泰也进行了自我反省。给予自己鼓励的屠格涅夫，自己也能恶语相向，他觉得自己更加需要反省了。

从塞瓦斯托波尔来到圣彼得堡的托尔斯泰，一面接受文化界人士的欢迎，一面展开与屠格涅夫等人的辩论。他相信，是冷酷的战争影响了他的心情。不单单是托尔斯泰，相信亲眼见过战场的人，没有人不会变冷酷的。

完成自己任务的托尔斯泰，又接到了上级新的命令，他被坎史坦基洛夫将军的炮兵队纳入麾下，不用再回到激战中的塞瓦斯托波尔了。

之后不久，塞瓦斯托波尔的危机彻底解决，这一年的8月份，俄国和土耳其签订了和平条约。和平到来了，托尔斯泰便告别了部队回到了自己的家乡。

来到了世界的文化中心

1857年1月29日，退伍后的托尔斯泰踏上了西欧的旅程。作为旅行的首站，托尔斯泰首先来到了世界的文化中心——巴黎，并且在这里待了一个月。

托尔斯泰非常喜欢这里，他这样给伯母写信表示自己的欢喜：

> 我在这里非常开心，能够到国外旅游本来就是一件非常开心的事儿，何况我来的居然是巴黎这个好地方。在这里我看到了很多有意思的事情，每天晚上躺在床上，你知道我会做什么吗？那就是后悔，每晚我都后悔为什么日子过得这么快啊！我有很多非常想做的事情，可是才做完一半，天就暗了下来……

在巴黎他虽然见到了令他兴奋的一面，但他也见到了前所未见的可怕事物，这使得他的人生观改变。

在巴黎的断头台，托尔斯泰参观了整个斩首罪犯的完整情形。他非常恐惧，在来到这个地方之前，托尔斯泰是一个经历过战争的人，按照常理他不应该感到害怕。但是现在他非常恐惧。

在这里结束生命的人，既不能展示自己的勇敢，更无法维护自己的尊严。托尔斯泰每每回想这个情景，都会非常害怕，关于"断头台"，他是这样在日记中记述的：

六点之后我去参观执行死刑的现场，一个整洁而健硕的胸膛，在亲吻过《圣经》后，就被……不得不说，死是非常残酷的。

这是一种让人怎样恐惧的景象啊！虽然我不懂得政治，但是我了解道德和艺术本身，或者不单单是了解，更多的是喜爱和敬仰。

断头台——让我失眠很多夜晚的梦魇。

那个时候的托尔斯泰，非常迷恋人类的文明和进步，就在参观过断头台之后，他曾经迷恋的东西消失殆尽了。

铡刀随着鼓声的响起落下，只听"咔嚓"一声，头颅和身体被分开，分别落在两个不同的地方。"啪"的声音之后，托尔斯泰不禁打了一个寒战。不单单是他的大脑，连同全身的每一处每一个细胞都受到了极大的震撼。

在他的认知中，文明和进步才是人类可以依赖的，可是这样一个理论，竟然被这种残酷的死刑完全推翻，他还怎么为真理去做辩护呢？

　　托尔斯泰不得不承认，自己所观摩的死刑是他对文明产生怀疑的导火索。要知道，在来到断头台这个地方之前，巴黎给他带来的都是感官喜乐的感受。但是，现在一切变得不一样了，他开始因此而失眠，对任何事情都提不起兴趣。

　　因此他马上向瑞士进发，那里美丽的景色给他的心灵带来了祥和的感受。心情稍微平复的托尔斯泰，给伯母写了这样一封信：

　　　　真可惜，我不能将这里美丽的景色通过这信纸告诉您，尤其是青紫色笼罩万物的美丽，和那鼻尖荡漾的鲜花香味。

　　　　我想向您说明的是，这里的湖光山色那样美好，我都有些乐不思蜀了。或是散步，或是矗立在屋里的窗口前，大部分时间我都会感受那自然的美好。来到这之后，我才知道离开巴黎是一个多么明智的决定。

　　　　不得不承认，正是在这里的旅行使我的心情得到了极大的平复。在这里我认识了一个十岁左右的少年，我们两个经常一起去爬山。在一个叫作鲁切伦的小镇上，我欣赏了一场由著名音乐家演奏的吉他表演，非常震撼……瑞士，给我留下了非常美好的回忆。

　　挥别了瑞士，托尔斯泰来到了德国，同样的，在这里他也经历了很多难忘的事,快乐和新奇充满了他整个心房。旅行全部结束是在 1859 年的 8 月 8 日,他回到了家乡雅斯拿雅·波里雅拿。

当看到村里那些贫穷又无聊的孩子们,托尔斯泰再次选择在村里开办一所学校。很多村里的农民都很惊讶,要知道所谓的"学校"是专门为那些贵族、商人以及地主家的孩子们成立的,因此在落后的村落里根本没有学校。深知农民想法的托尔斯泰,知道自己的当务之急是扭转这些农民陈旧的观念。

野外猎熊

当彻底返回家乡之后,托尔斯泰便将全部心思放在了创作《卢塞恩》这部作品中去。《卢塞恩》讲述的是一个什么样的故事呢?原来是托尔斯泰在卢塞恩这个地方旅行时,遭遇的一桩"奇遇"。

在写作的空闲,托尔斯泰喜欢出去打猎。就是在这个时候,他对猎熊极具兴趣。冬季的一天,他带着狗挎着枪去野外找寻熊的踪影。

天气略微有些冷,他将大衣的毛领子围紧些,避免寒风钻进脖子里。在户外大约转了一个小时左右,托尔斯泰在一片树林的旁边发现了一只体型不小的黑熊。

正在托尔斯泰躲在树后准备瞄准时,谁知黑熊听见了狗的叫声,它仿佛受到了极大的惊吓似的扑向了托尔斯泰。肃静的森林里马上传来了两声枪响——砰,砰!

面对黑熊的攻击，托尔斯泰非常着急的两枪并没有打中那只黑熊，更令托尔斯泰猝不及防的是，黑熊将他扑倒在地，他拼尽全力推开黑熊，但是这样一个庞然大物还是狠狠地在他的额头上击了一掌……

说时迟那时快，托尔斯泰的猎狗扑向了黑熊，跟它撕咬起来。趁着黑熊与猎狗厮杀的空当，托尔斯泰成功地从黑熊的爪下逃了出来……

放开猎狗的黑熊，再度扑向托尔斯泰。就在这个时候，一个职业猎人闻声赶到此处，挥舞手中的铁棒狠狠砸向黑熊的脑袋，几下之后黑熊便被打死了。

满脸是血的托尔斯泰被这个满脸大胡子的猎人从雪地搀扶起来，托尔斯泰根本无暇回答对方的关心，他还一直沉浸在刚才的恐怖中，要缓缓平静一下自己的心情。

转头看了一眼死了的黑熊，托尔斯泰便请猎人帮忙将这个黑熊做成活标本，他希望时常可以看到。

"是的，老爷！"猎人回答道。

"晚上来我的庄园，我会给你一些奖赏！"接着，托尔斯泰一边捂着伤口，一边对这个猎人说。他马上回到自己的庄园。晚上，猎人如约而至，头部包扎着伤口的托尔斯泰让猎人陪自己喝酒。

托尔斯泰举起手中的酒杯敬猎人时，这个老实的猎人受宠若惊，连忙说道：

"老爷，您这样真是太客气了。换作是别人，我也会这样做的。您这样感谢我，我实在是受宠若惊啊！"

看到猎人的羞赧，托尔斯泰笑了笑接着说：

"今天这顿饭，除了是表达感谢，我还想听你的心里话。"

说这话的时候，托尔斯泰的眼神中充满着渴望和真诚，他是真的很想了解农奴们的心理。即便前两次他采取的农奴解放都以失败而告终，但是托尔斯泰并没有放弃自己的努力。

从国外回到家乡后，他更加感受到俄国农奴制度的落后。他将这种农奴制看成是农民的灾难，进一步来讲，对国家也没有任何益处。

因此，在解放农奴的方案并不能执行的这个阶段，托尔斯泰希望通过自己的努力改善现阶段农奴的处境。在自己的庄园内，他植树造林、扩大农场、加宽菜园，并且买了很多匹马，这又是何种用意呢？

原来，在托尔斯泰的认知中，森林和牧场是主要的收入来源，他希望以此来减轻农奴的负担。因此他时常和农奴们聊天，希望可以从他们的口中得到一个双赢的办法。

但是令托尔斯泰非常恼火的是，面对自己的好意，这些农奴常常以缄默来回应。越是这样僵化的关系，越使托尔斯泰不安。因此，无论是看书、写字、打猎或者是闲游，他都要去思考怎样打破跟农奴之间的这层"屏障"。

这一天，通过跟猎人的促膝交谈，托尔斯泰认识到，这些农奴对他缺乏信任，面对托尔斯泰投给他们的橄榄枝，他们不能完全相信。这既不能怪农奴，更不能怪托尔斯泰。农奴不信任地主，这本是司空见惯的事情。没有一个农奴会觉得地主不会占他们便宜，他们本能地认为，那些"老爷们"对自己干的都是不公正的勾当。

这种想法真是愚昧，但是他却不能因此而与那些农奴隔离开，他唯有跟他们拉近距离，才能有效改善彼此之间的关系。那么怎么做才可以拉近与农奴的距离，并且让他们摆脱愚昧的思想呢？

经过思考，托尔斯泰觉得，只有让农奴们接受教育，才可以达到自己的目的。打定主意，托尔斯泰曾经被乌云笼罩的心似乎透进了一丝阳光。但是随即，一片愁云再次笼罩在这颗心上。自己以前也不是没有办过学校，但是是以失败告终的，这一次能够成功吗？

第四章

为农民创办学校

托尔斯泰学校的铃声

叮——叮——叮

叮——叮——叮

上午八点,在自己的家乡雅斯拿雅·波里雅拿创办的托尔斯泰学校传出了铃声。铃声响过半个小时之后,东方初阳照射的丘陵之下,三两个学童的身影慢慢地出现在这样美好的晨光中。

奇怪的是,这些学童并没有背书包,更没有带书本,那他们是来做什么的呢?原来,他们的书和文具都静静地躺在教室书桌的抽屉里。虽然他们空着手来上学,但是每一个人的脸上都洋溢着活泼的精神状态。

可是，他们不需要复习前一天学习的课程，更没有必要预习今天要学的内容，因为这个学校没有作业。他们需要做的就是，每天用清醒的头脑来思考问题，并且非常感兴趣今天所学的内容就行。

走在丘陵和田园小路上的少年们，听到铃声马上加快脚步跑向学校。他们的学校是一栋用石头建成的二层楼房，其中的两个房间是教室，另一个房间是老师的办公室。

吊着铃铛的门厅前面，摆放的是体育用品，课程表张贴在楼梯口前面。老师还没有进到教室的时候，学生们可以在教室附近聊天和玩耍，用来打发时间。

男同学和男同学一起玩耍，女同学也和女同学一起玩耍。有的时候，男同学会跟所有的女同学开玩笑，但是女同学并不恼怒，毕竟大家都是淳朴的农奴儿女。因此，即便是迟到，他们也不担心老师会责骂他们。他们的座位也不是固定的，同学们可以随便坐。

那么老师都教授大家一些什么课程呢？包括作文、书法、文法、读本、俄国史、仪器画、音乐、算数、生物、理科、自由画、《新约圣经》和说话练习等。学校规定，上午上四个小时的课程，但有时上午只上两到三小时的课程。

有的时候，老师讲课太过投入，便会延长课时，学生们下午才能回到家中吃午饭，之后又要陆陆续续地回到学校继续上课。

有的时候，晚上八九点钟才能回到家中。

学校向每位学生采用的都是自由主义的方式，无论你上不上课、是否进教室，都是由学生自己来做决定的。当然，这个学校完全是免费制，学生不用掏一分钱。全校采取男女合班制，大约有四十名学生。至于学校的师资力量，除了托尔斯泰本人之外，其余的三位助手都是大学生。

1859年，托尔斯泰在雅斯拿雅·波里雅拿创办的学校大概就是这个样子。他曾经在自己十九岁的时候创办过一次学校，那么，为何他这么渴望从事教育事业呢？

这要源于他的内心，他始终认为但凡是有才能和知识的人，不会吝于将知识分享给其他人。出身富裕家庭的托尔斯泰上过大学，更是法学学士，投身军营的时候官至少尉，现在他又是著名的小说家。

具备一定的知名度的托尔斯泰曾经到国外去旅行，在他的脑海中常常出现新的观念和知识。他并不是一个吝啬的人，因此才急于向村里农奴的孩子们分享自己的见识。

上次办学的结果并不理想，但也给托尔斯泰这次的办学带来很多宝贵的经验，因此在处理学校一切事务的时候，托尔斯泰都极为谨慎。

说这是一所学校，倒不如用"私塾"来形容比较恰当，因为相对于学校完善的设备来说，这里稍显简陋。为了让孩子们从小就对学习感兴趣,因此托尔斯泰先抓小学教育,随着时间的更迭,才慢慢扩充自己的学校。

那么他是怎么劝说那些农奴让孩子来到学校的呢?他经常对那些农奴说:"快让喜欢玩耍的小朋友都来到学校吧!"

托尔斯泰并不满足于小规模的学校,他开始深入研究怎样使学校办得更好。他会阅读很多与教育相关的书籍,从中汲取经验。

他还喜欢去各个地方,参观当地的学校。就在这个时候,托尔斯泰的大哥尼科莱在德国患病,他便以探病为由,去到西欧各国参观。第一次的西欧旅行,那完全是散心,但是这一次,他的目的是考察各国的学校教育。

第二次西欧旅行

1860年7月,和妹妹玛丽亚一道去德国看望住院的大哥,托尔斯泰开始了他第二次的西欧旅行。

非常令人遗憾的是,就在托尔斯泰和玛丽亚看过尼科莱之后不久,大哥就过世了。在弟弟妹妹的心中,尼科莱一直都是一个非常仁慈的哥哥,无论春夏秋冬,尼科莱都非常关心托尔斯泰兄妹,而托尔斯泰也非常敬佩大哥尼科莱。

尼科莱过世之后,玛丽亚带着尼科莱的遗骨回到故乡安葬,而托尔斯泰则继续在西欧进行教育模式的考察。

经过对瑞士、德国和法国的视察工作,托尔斯泰已经发现各个国家的教育模式的差异，他对这种差异非常感兴趣。

在德国考察的时候，托尔斯泰简直是吓了一跳。德国学校的课程表上竟然安排了为国王祷告、默诵和体罚这三项课程，而上学的孩子面带青色，神情非常压抑。看得出来，学校并没给孩子该有的快乐。

关于教育，托尔斯泰有自己的想法，而且他非常反对这种填鸭式的教育模式。要知道，如果一个学校给予学生的束缚越多，那么在这个学校学习的儿童便越不会快乐。既然在学校这个地方得不到快乐，那么学生也不会对学习有任何动力。

其实在学校这个地方，首先要让学生们感觉到放松，才能给予他们良好的教育。而且在托尔斯泰看来，相对于书本上的知识，教授学生正确的世界观才是学校最为重要的意义。因此，托尔斯泰觉得自己并不能采取类似德国的教育模式。

之后，托尔斯泰又去了意大利和法国，在那里他同样感受到不同国家的教育模式各有千秋，但是自己在雅斯拿雅·波里雅拿创办的学校不能照搬这些国家的教育模式，要有自己的特色。

托尔斯泰决定，一定要摒弃德国那种体罚式的教育模式，自己的学校一定不要出现过于严苛的记录，一切要以学生的自由为大前提。要知道，在当时的俄国很多学校中，体罚是很常见的一种现象，如果完全摒弃，不知道能否可行？

既然已经拟定好学校的教育方针，结束第二次西欧旅行的托尔斯泰回到雅斯拿雅·波里雅拿。回来之后，他做的第一件事就是跟自己的学生们融合在一起，每天跟他们一起感受人生。

时间长了之后，学生们感受到托尔斯泰的初衷，于是慢慢地接受了他和他的教育模式。学校中，没有严苛的纪律和体罚，更不会有学生会迟到，常常能听到学生们的欢声笑语，他们的成绩也越来越好。

随着时间的滚滚向前，学生们愈发地依赖托尔斯泰，有时看不见他就会感到孤独。相对的，托尔斯泰离开学生一分一秒，也会时常感觉到寂寞。虽然托尔斯泰和自己的学生们只有晚上不在一起，但是学生们有的时候会去托尔斯泰家阳台附近见他。

托尔斯泰是真心对待这些学生，他跟他们玩雪橇，送给他们一些文具或者是生活用品和糖果。春天来了，托尔斯泰贡献出自己的三千平方米的土地，让学生们在上面耕种，他们还拥有全部的收获。

他发现，给予学生们"自由"，他们便会收获更大的进步。这样看来，与第一次创办学校完全不同，托尔斯泰在这次办学中得到了家长们的褒奖和全力的支持。

这样一来，托尔斯泰决定在雅斯拿雅·波里雅拿附近的另一个村庄，分别再设立几个学校。年轻的大学生慕名来到这些学校当老师，每天晚上都会记录当天的教学日志，周末来到雅斯拿雅·波里雅拿，跟托尔斯泰探讨授课的心得，并且制定下一周的上课计划。

　　但是，想要推广自己的教育模式，仅仅凭借托尔斯泰一人的力量远远不够，在这条路上他需要很多同伴者。当时俄国采用的是西欧的教育模式，强调强制的教育方式。托尔斯泰认为：长此以往，不单单会导致学生们丧失天真活泼的天性，还会给他们的心理造成打击。

　　在托尔斯泰看来，教育还要在人与人的接触中去探寻。只有将自己创办的教育模式介绍给更多的人，才能令更多学生们得到真正的收获。于是，他决定自己出版《雅斯拿雅·波里雅拿》教育杂志。

　　在这本杂志中，托尔斯泰主要展示了自己和那些大学生们的教育成果、学校的工作报告和图书的目录，还有一些捐款的报告和附属图书馆的工作情况，内容翔实而且新颖。

　　虽然托尔斯泰创办的学校已经开办三年了，自己独创的教育模式也得到学生以及家长们的一致认可。但是，这种教育模式却被那些传统派的教育家们反对。

　　加之，这种学校的作风，略微包含一些解放农奴的政治意识，因此他还遭到了贵族们的攻击。还有些其他的人也用冷酷的眼光看着他，说他做的事非常无聊。

　　这样一来，即使托尔斯泰想继续依据自己的理念办好教学工作，得到的除了批评还是苛刻的批评。但是，托尔斯泰毫不气馁，他一直坚持自己的信念。

他之所以在雅斯拿雅·波里雅拿创办这所农民子弟学校，就是为了让那些儿童们得到天然的成长环境。

支持他的人都是懂得真理的人，反对他的人是想让农民们一直处于蒙昧的状态下。既然反对他的人为的都是一己私利，托尔斯泰不会让他们左右自己的想法！

一件令人气愤的事情

创办的学校依旧运营着，但是托尔斯泰却开始生病。虽然他有着一副健硕的身体，但是只有他自己知道自己的身体并非那么健康，咽喉炎、牙痛、眼疾、风湿痛和冷感症一直在折磨着他。

在高加索的那段日子，一周至少有两天，托尔斯泰会因病在屋子里待着。随后在去往塞瓦斯托波尔的途中，他也病了几个月。悲痛的是，三哥德米特列罹患肺病之后也逝世了。

托尔斯泰本人也曾患过肺病，而且是三次——1856年、1862年和1871年，这次是第二次，他一直咳嗽不停。加之很多学者都在攻击他，他也感受不到任何温暖。无奈之下，他决定将学校的事务都交给助手们，自己去接受马乳酒的疗养。这一年的5月，在侍从和两名学生的陪同下，托尔斯泰前往萨马拉县。

在广袤无垠的萨马拉县，托尔斯泰感受到前所未有的生机。一边采用马乳酒进行治疗，一边享受着安逸的休养生活。渐渐地，他不咳嗽了。

可是，托尔斯泰离开学校，那些一直在攻击他的人，趁他不在，采用非常低劣的手段对他的家人进行了攻击。

托尔斯泰离开时，除了年迈的塔迦娜伯母替他行使主人的职责，妹妹玛丽亚也带着自己的子女过来度假。一天早上，一辆带有警钟的邮递马车载着警察主管、分署长、区长、警察还有很多宪兵突然送来一道命令，要搜查托尔斯泰的家。

命令说托尔斯泰有违反国家政治的嫌疑，浩浩荡荡的宪兵站满了托尔斯泰的家，他们不但严密监视家中的每个人，还吓得几个女眷和孩童几乎要晕厥过去。

家中的橱柜、桌子里的抽屉、皮箱和金库等处，都被翻开搜查，一片狼藉。甚至连院子里的池塘都没有逃过宪兵队的搜查，他们穷凶极恶地非要在里面找到一些反国家政治活动的证据，结果却令他们非常失望。

他们又将搜查范围扩大到了托尔斯泰创办的学校乃至附近乡下的分校，整个搜查工作长至两周，宪兵队的野蛮行径还把雅斯拿雅·波里雅拿的农民们吓得不轻。塔迦娜伯母对此事非常痛心，不久就去世了。

"这帮可恶的恶魔！"在疗养院听到这个消息的托尔斯泰愤怒极了，不过他也庆幸自己当时没在场，否则一定会被抓走被逮捕下狱。这是为什么呢？

原来，在托尔斯泰的房间内有一把手枪，如果托尔斯泰在家，他说不定会一气之下打死几个宪兵也说不定。

这次"莫须有罪名"的搜查行动，搅得学校没有往日的生机，那些农户再也不让自己的孩子来上学了，害怕再遇到类似的情况。不能忍受这种屈辱的托尔斯泰马上给亚历山大二世修书一封，请求他能够处罚那些趁自己不在家，私闯民宅并且以搜查为名实则搞恶意破坏的宪兵队。

在托尔斯泰看来，如果这件事得不到一个满意的解决，那么自己也不必再待在这个国家了，移民是他最后的底线。不久之后，一位侍从官来到了托尔斯泰的家中，转达了亚历山大二世的三个字"对不起"，这件事才不了了之。

可是，学校难以回到以前繁盛的模样，无奈之下也只能关门了。

要为自己神圣的使命奋斗

托尔斯泰不但煞费苦心创办农民子弟学校，与此同时他也成为农事裁判所的仲裁员，负责解决地主与佃户之间的纠纷。每天都这样忙碌的他得不到有效的休息，他常常感到非常疲累。

虽然萨马拉县的马乳酒能够给予他身体上的健康，但是心灵上的创伤却无法医治。没有知心朋友的他感到非常寂寞，当他的物质生活非常优越的时候，身边常伴那些阿谀奉承的朋友。可是当他追求真理创办自己的学校之际,那些朋友都荡然无存。

因此,这个时候的托尔斯泰非常渴望幸福的家庭生活,他的心情开始急剧动摇。他倾慕妹妹的小姑索菲亚·安德烈耶芙娜,她也深深地爱着托尔斯泰。就当追求真理的道路遇阻的时候,他便一遍遍地自省:

"不要总想着爱情和结婚,要为自己神圣的使命奋斗……即便你怀有爱的渴望,但是你有爱的本质吗……即便看到她不好的一面,可是我仍然深深地爱着她啊!"

想到这,托尔斯泰毅然决然选择向索菲亚求婚,他渴望爱和家庭。因此,回到雅斯拿雅·波里雅拿之后,在这一年的9月23日,三十四岁的托尔斯泰和十八岁的索菲亚举办了婚礼。

就在婚礼过去半个多月后,10月15日这一天,雅斯拿雅·波里雅拿的学校关门了。随之而来的,托尔斯泰一手创办的杂志《雅斯拿雅·波里雅拿》也宣布停刊。托尔斯泰继续写小说。

婚后的托尔斯泰想要写一本长篇小说,于是从1863年到1869年的这整整六年的时间,托尔斯泰完成了《战争与和平》的创作。六年里,托尔斯泰不单单收获了《战争与和平》这部小说,还收获了三个儿子与一个女儿。

他是瞒着自己的妻子进行创作的,因此其中遭遇了很多阻碍和困难,不过托尔斯泰都用自己顽强的意志将其一一克服了。

在他看来,以前自己的创作都是自己的试水之作,只有这一部长篇小说才是自己的真正作品。他将自己的心力，全部投入到这部作品的创作中。

写作是一件需要苦心孤诣的事情，在《战争与和平》中，托尔斯泰不但设计了繁多的角色，还赋予他们完全不同的个性。需要几番推敲，不断安排新角色，还要不破坏整部小说的情节，非常艰难。

在这部小说中，托尔斯泰以1805年到1821年历史性大事件为背景，并且以战争中的拿破仑为中心构成整部小说。可是，他却不想单纯地创作一部小说，而是希望使之成为俄国人民真实写照的叙事诗。

在这部小说中，贵族、地主和农民是一条叙事脉络，还有军人、官吏、政客和宗教家等都身在其中，几乎全部俄国人民都粉墨登场。

通过这些人物的命运，托尔斯泰尝试描写整个俄国的生活和精神面貌。书中人物的语言和动作并非托尔斯泰凭空想象，而是有真实的人物依据，小说达到非常逼真的效果。

因此，在托尔斯泰的书房中，摆放着各方面的参考书，俨然成了一个图书馆。不但如此，托尔斯泰几次三番去到莫斯科的陆米捷夫博物馆寻找资料，务必要找到与小说中的人物命运相似的真实案例。

找到资料回到家里，托尔斯泰对其进行研究，并且向一些战役中的遗老取经。他还亲自去到战争中发生过大事的古迹进行实地考察，想写出一部波罗基诺实战纪实。

当亲身来到拿破仑战争中的最大激战地区波罗基诺时，他将自己在塞瓦斯托波尔的实战经验与此合二为一，还原了当初的战争景象。

在《战争与和平》这部小说中，洛斯托夫家族和宝康斯卡雅家族是小说中的主要人物，这两大家族的背景完全来自托尔斯泰的父母双方的两大家族。托尔斯泰的妻子索菲亚也在小说中出现，名字为娜塔霞。

当他准备创作《战争与和平》时，他曾对妻子表示："从这一刻起，我将部分生命投身墨水瓶里了。"他的决心可见一斑。

当小说创作完毕之后，《俄国报》首先刊登连载，可是令托尔斯泰非常受挫的是，这部小说不但没有迎来各方的好评，反倒遭到大家如洪水般的批评。

那些保守派批评家强调这部小说中的爱国思想并非出自托尔斯泰的初衷，而进步主义批评家批判托尔斯泰是在替反动者说话、整部小说洋溢着旧思想，可以说是两方都不讨好。

与托尔斯泰激辩的屠格涅夫品评这部小说空洞内容毫无意义，所讲述的事件根本不值一提。而且其中穿插了大量法语，与故事的发生地——俄国毫无关联。

托尔斯泰选择屏蔽那些批评，全部心思都放在写作中，他想

名人励志传记丛书

只要能抓住一个俄国人的心,便已足够。

对于劳苦大众,托尔斯泰在过去一直是努力去了解他们的心理,用爱心来感化他们。在这部《战争与和平》中,很多角色的原型都是他们本人或者是他们的先祖。当然,小说还讽刺了贵族的虚伪和对财富的痴迷。

在贵族中也有具有真善美品质的人,这些贵族愿意真诚地去面对民众,增强和民众之间的感情。这部小说,成功地为大众展现了当时俄国的整个缩影——贵族和一般民众两个阶层。

《俄国报》一直在连载《战争与和平》这部小说,令托尔斯泰高兴的是,当这部小说连载到第四卷的时候,曾经与自己激辩的屠格涅夫居然称赞起这部小说:

"好得无与伦比,这就是一部完美的作品,我相信没有比这更优秀的作品了。不单单是俄国,全欧洲都没有一个人能写出比托尔斯泰所创作的小说更优秀的作品!"

庄园里的女主人

与索菲娅喜结连理后,托尔斯泰的庄园顿时生动起来。她在庭院中装点了木樨草和山茶花,茉莉花、玫瑰花、风信子和番红花被她用来装饰房前屋后的草坪。她甚至找人重新铺就庭院中的小路,将洋槐进行修剪之后,还在旁边栽植了金银花和丁香。

索菲娅还有一个重要工作,就是管理庄园的账目,另外库房的钥匙也由她保管。这样一来，托尔斯泰的全部精力都放在了创作上面，精神上的宁静使他获得了意想不到的幸福。一天，他给费特写了这样一封信：

　　费特，你一定不会相信，我现在正在家里给你写信，索菲娅正在跟我哥哥在楼上说话。

　　我托尔斯泰深爱着索菲娅，胜过爱这世上的一切。我直到34岁，都不知道恋爱竟然能给我带来难以置信的快乐。

　　等我能淡泊的时候，再给你写一封长信吧！

　　有了索菲娅，托尔斯泰更加明晰自己的生活节奏。现在的幸福好像本不属于自己而是被自己抢占的一样。他在做着自己的事情，听到索菲娅的声音，他都会觉得美好。

　　1863年的2月，托尔斯泰发表了自己的中篇小说《哥萨克》，一经发表便得到国内外的一致好评。这一年的3月，托尔斯泰的中篇小说《波里库什卡》也发表了。

　　托尔斯泰的作品被屠格涅夫称赞为有着"惊人神力"的作品，法国作家罗曼·罗兰则称他的作品是"后无来者的作品"。当读到《波里库什卡》之后，屠格涅夫深深地被托尔斯泰的才华折服，赞赏他为"当之无愧的大师"。

托尔斯泰受到这两部作品得来的鼓舞,再加上索菲娅的鼓励,他决定摒弃自己所有其他事务,全身心地进行文学创作。

这一年的6月28日,长子谢辽沙出生后,托尔斯泰非常高兴,他非常喜欢小孩子,这个家庭变得更加完美和快乐了。当儿子生病时,他便会整夜守在儿子的身旁照顾他。

这一年的秋天,他这样给亲戚写了一封信:

  我非常满意,我和妻子彼此相爱,我有一个可爱的儿子。

夯实的家庭基础为托尔斯泰营造了安稳的创作氛围,他感觉自己前所未有的平静,可以在写作的世界中肆意遨游,《战争与和平》的成功离不开这样的环境。

他一直非常喜欢打猎,打猎可谓是他最好的休闲方式。在写作疲累的时候,他便会去户外打猎。可是1864年的10月的一次打猎,托尔斯泰遭遇到一场危险。

这一天,他像往常一样带着猎狗骑着马在野外的树林里转悠。忽然看见一只野兔,他马上策马追赶那只野兔,并且吹哨让猎狗追击。

就在他马上成功的时候意外发生了,他跟马一同栽进了一个狭窄的沟渠里。马起身后跑了,托尔斯泰却昏倒在沟里。

当他苏醒之后，顿感右臂传来了一阵阵剧痛，他挣扎着起身走了半里多的路程，依稀见到一条公路。他本想坚持走到有人的地方寻求帮助，但是过于虚弱的身体不能支持他这么做，他甚至连坐起来的力气都没有，无奈之下托尔斯泰只能选择躺在地上，希望有人看见并且搭救他。

可是直到天黑都没有人，托尔斯泰开始被恐惧侵袭，一旦附近出现大型野兽的话，他很有可能丧命于此。除了关心自己的安危，托尔斯泰现在还关心家中的索菲娅，自己这么久没回去，她一定很着急。

没见到托尔斯泰打猎回来，索菲娅很担心，她想应该差人去找一下。就在这个时候，一个年轻人忽然来到家中，原来他发现了托尔斯泰。他表示托尔斯泰受了点伤，正在自己的家中休息。

听完青年的话，索菲娅赶紧带着仆人来到了青年的家中。当她看见躺在病榻上的托尔斯泰时，心里的石头才落了地。托尔斯泰赶紧说：

"我的胳膊脱位，已经被这位出名的接骨医生接上了。他说只要两周的时间，我就会恢复，所以你不要担心。"

一个半月过去之后，托尔斯泰命仆人拿来了枪，他想试试自己的胳膊是否已经康复。孰料，只要一端起枪，他的胳膊就疼得受不了。

妻子索菲娅正好看见这一幕，非常心疼，她知道一定是胳膊没有接好，于是她打算求助自己的父亲。最后是索菲娅的父亲邀请两个接骨专家亲自前来为托尔斯泰做了一场手术才彻底将他的胳膊治好。

家里有了索菲娅一切变得都那么美好，她不但要打理庄园，还要照顾孩子们，这样托尔斯泰才能安心写作。即便如此，在忙完家务的间隙，她还要在半夜挤出时间给托尔斯泰抄稿。

托尔斯泰的手稿经常会改得面目全非，索菲娅便将托尔斯泰字迹缭乱的手稿誊写清楚。这样一来，第二天托尔斯泰来到书房的时候，整齐的手稿便摆在桌子上了。

索菲娅抄写时间长了，即使是写得特别的缭乱的字句，她也能抄写得准确无误的。当然，在抄写的过程中，索菲娅成为丈夫的第一个读者，她非常喜欢这个工作，甚至当作是一个享受。

她曾经表示过："抄写托尔斯泰的作品，给我带来很大的享受。我非常喜欢夜间的这项工作，见到他小说中的情节又往前进行了一步，我便会非常高兴。"

这样的抄写工作，在无形当中也增强了双方的感情。索菲娅看着丈夫奋笔疾书，托尔斯泰看着妻子静静地抄写。一切，都那么美好。

当索菲娅感受到丈夫的气息，便会握住丈夫的手，并且给予其一个深深的吻。托尔斯泰便会宠溺地抚摸妻子的头发，回以更为甜蜜的吻。

有的时候，为了缓解丈夫的疲累，索菲娅便拉着托尔斯泰来到钢琴前，两人开始一段缠绵的四手联弹，音乐声中充满了甜蜜。

当索菲娅抄写累了，她不会回到卧室，而是躺在丈夫那具黑熊标本上，枕着黑熊的脑袋打一小会盹。看着妻子这样，托尔斯泰很是心疼，便拉着妻子回到卧室休息。

可以这样说，《战争与和平》的成功是托尔斯泰缔造的，同时也少不了索菲娅的功劳。这是夫妻二人齐心协力的杰作。

要积极地为大众谋福利

1869年的秋天，托尔斯泰完成了《战争与和平》共六卷的创作，便想要再度开办一所学校。几年前宪兵队的搅闹，使自己在家乡开办的一所学校倒闭，那次的经历给他带来极为悲惨的记忆。

虽然事情已经过去了多年，但是这些悲惨的记忆依旧存留在托尔斯泰的脑海当中。可即便如此，他仍然希望通过自己的双手为雅斯拿雅·波里雅拿的农民们播撒智慧的种子。

为了得到物质收获，那里的农民种下粮食的种子。因此，想要获得幸福的生活，托尔斯泰就得为农民们播下智慧的种子。正是这种理念，令他重整旗鼓。

就在创作《战争与和平》时，托尔斯泰对世界有了更深层次的思考。在他看来，一个人的价值并不体现在自己不做坏事上面，而是体现在积极地为大众谋福利上面。最起码，应该在对得起自己工作的基础上，为其他人贡献自己的价值。

这就要求每一个人的心中都要有"爱"，最基本的爱是对自己的亲人的，然后是爱世人——甚至对敌人都要心存爱，这样才能爱世人。

我们当然要爱自己的亲人，可是我们怎样爱敌人呢？一说到对自己的敌人充满爱，很多人都觉得荒谬。而事实上，如果有对整个人类广泛而深沉的爱，并不是不能够做到这一点。

在写作的这段时间，托尔斯泰还对战争有了更深的厌恶。他认为，本质上，战争是一种反人类的行为。

在《战争与和平》中，借用安德烈公爵的说法：

> 什么是战争？无非就是互相残杀，战争以间谍、阴谋和破坏民宅作为武器，为的就是掠夺人民的财产去补给战争……
>
> 军人的天职是执行命令，而忘却自身的自由。可是上流社会贵族的写照是什么？是安逸、残忍、放荡、酗酒、横暴和赌博，而这些每天沉迷享乐的贵族却在命令着那些士兵。

在雅斯拿雅·波里雅拿办校时，托尔斯泰就曾经思考过，尽自己最大的努力去教育那些农民的子弟。这个理想，他从未放弃。

而现阶段的农民子弟,就像久旱的土地一样,十分渴望教育的雨水。他们希望能够接受最有益于自己发展的教育,托尔斯泰乐于达成他们的愿望。

他希望用智慧的种子和深爱的真诚教育这些农民子弟,他希望自己的理想能够得到星火传承,因此决定从接受过教育的农民子弟中挑选老师,继续达成自己的教育理想。这便是托尔斯泰创办草鞋大学的初衷。

想要成功创办草鞋大学,托尔斯泰为自己制定的第一步便是编印教材。虽然过去俄国出现过很多教材,但是那些教材并不适合这些农民子弟。于是,托尔斯泰着手亲自编纂教材。

只用了短短一年的时间,托尔斯泰完成了《初级读本》和《入门读本》的编纂。这些书籍都是由托尔斯泰立意策划,由妻子索菲娅编写的,让人一看就懂。

除了读本、书法、文法和算数等科目,这些教材中还有一些短篇故事和理科的常识。除了有学生读本,托尔斯泰还编纂了教师用书。据说,几年后,整个俄国都在采用他编纂的教材。

教材编纂结束,托尔斯泰开始在邻近的学校进行推广。他找来很多教师们来到自己的别墅里,按照新编的教材,用自己的方法给他们上课,使之边上课边教学生。

比起前几次办学,这一次托尔斯泰明显感觉自己的经验丰富多了。令托尔斯泰欣慰的是,教师们都非常赞同他的教学方式。

可是面临庞大的办学费用，托尔斯泰变得不知所措起来。

要知道，他办的学校并非公立，因此并不能收学费，且不能向家长募捐，因此他只能选择从其他地方筹募办学经费。

一个偶然的机会，县贵族会会长同时又是托尔斯泰好友的德艾夫沙马林得知了他的情况，便热心地对他说：

"在农会有三万卢布，专门用作教育农民的。你把这笔钱领走，去办学校怎么样？"

"太棒了！我现在就去申请！"听到这样的消息，托尔斯泰喜出望外。马上来到农会申请，结果却不如他意——农会居然拒绝了他。

原来这笔钱是为了捐建叶卡捷琳娜二世纪念碑的，面对这样的不公待遇，托尔斯泰非常沮丧，可是生气也没有用。

为了筹措办学经费，托尔斯泰奔走两年，却没有得到一分钱，他创办草鞋大学的理想便因此"胎死腹中"了。虽然这次办学的想法没有得以实现，但是托尔斯泰仍旧对自己那套"自由的教育理想"非常推崇，并且和很多专家激烈论战。

他曾经在加内欣工厂内开办了两所学校，一所采用教育委员会的方法教育女工，另一所则采取自己独特的教育方法教育那里的女工。

他所倡导的教育理念，不单单在教育界引起轰动，更是在文艺界掀起了激烈的讨论，结果当然是顽固和古板的教育家反对他的教育理念。

托尔斯泰的爱心

结束了对《战争与和平》的创作，托尔斯泰感到前所未有的疲惫。他想再接再厉继续自己的创作，可是未果。在他最为苦恼的这段时间，孩子们自然成了他的开心果。

这个时候的托尔斯泰已经有了四个孩子，最小的那个还尚在襁褓当中。他非常享受被自己的孩子围绕的那种感觉，也很喜欢给自己的孩子们讲故事。当自己的故事资源枯竭的时候，只能选择现编现讲。

孩子们知道托尔斯泰害怕被人搔痒，于是便经常攻击他这个软肋。索菲娅和仆人们常常能够看到托尔斯泰和孩子们在一起欢笑的场面，孩子们常常自豪于能够制服自己的父亲。

当然，在孩子们看来自己的爸爸是无所不能的，他总是能够说出每一个孩子脑海中的秘密，让孩子们非常吃惊。

一次大女儿生病了，托尔斯泰走近她的床边说："你应该停止装病了，对吗？"说完这句话，他便让自己的女儿看看是什么在咬他的脖子。

听了这话的女儿马上起身，将小手伸进了爸爸的脖领中，居然掏出了一个瓷娃娃。就在她吃惊当儿，托尔斯泰又说有东西咬自己的手腕。于是大女儿再掏，居然掏出一个大一些的瓷娃娃。

于是，大女儿掏遍了他的全身，一共掏出了七个瓷娃娃，然后便询问父亲是怎么做到的。

虽然托尔斯泰非常宠爱自己的孩子们，但是他并不溺爱。冷淡孩子和说几句含有讽刺意味的话是他对孩子最为严厉的教育办法，他讨厌态度粗暴地对孩子说话。

托尔斯泰也常常教育孩子要尊重身边的每一个人，不能对他们大呼小叫、颐指气使，需要他人援手时必须先请求对方。

"如果选择做一件事情，无论遭遇什么都要继续做好！"这句话是托尔斯泰对自己子女们说得最多的一句话。这可能是他的座右铭，面对人生的烦恼和困境，他最喜欢埃皮克蒂特的人生态度：遭到困难，是表现你精神坚强的最佳时机；面对烦恼，你应该正视它才能解决。

1870年的2月4日，托尔斯泰给费特写了一封信，信上说：

上封信上，你说你很寂寞。看到这一句，我就在羡慕你，你可真有福气啊，居然能够享受寂寞！

我的情况呢？我有一个妻子、三个孩子和一个还在吃奶的婴儿，一个保姆、两个女佣和两个老姑妈，现在他们都生病了——衰弱、咳嗽、高烧、寒热和头疼。我收到你的信时，就是这样的情况。用餐时间，只有我和一个老伯母两人对着吃饭。

不幸的是，从昨天开始，我胸口两侧的肋骨也开始不适。可是我有很多事要讲给你听，我读了普希金、歌德、莎士比亚、莫里哀和果戈理的作品，我有很多读后感跟你说呢！

面对这样的愁苦，托尔斯泰都选择坦然面对，并没有愁眉苦脸，可见其乐观的心境。

一场前所未有的大饥荒

热爱教育的托尔斯泰，勤于写小说又开始学习希腊语，不久便精神萎靡，健康每况愈下。因此在1871年至1873年间，他一直都待在萨马拉县疗养身体。

1861年，他就曾经来到此地通过马乳酒疗养自己的身体，也是自那之后，马乳酒成为托尔斯泰疗养时不可或缺的"药物"之一。

喝着马乳酒呼吸着萨马拉县新鲜的空气，是托尔斯泰最为喜欢的医疗方式。可是就在1873年，再次来到萨马拉县的托尔斯泰却遭遇到这个地方有史以来最大的一次饥荒。农民面临着死亡，仅有十分之一的人尚能果腹。

听到这个消息的他一时难以平复心情，他不再关心自己的病，一心想的都是如何缓解农民们的不幸，他要拯救他们。他联合加毕利洛夫卡村的牧师、乡村的书记和一些佃农领导，准备发起一场拯救农民的运动。

由于食物的匮乏，当地百姓们中略微有些力气的人都选择去镇上打工，剩下的都是一些老弱妇孺。为了生存，他们只能选择喝冷水、吃杂草。长时间没有吃东西，他们营养不良，甚至是全身浮肿。

这些曾经非常柔顺的人，现在居然被穷苦逼迫成这个样子，谁看了都会心痛。如果有人看见这样的情景却不动容，那么这个人一定是铁石心肠，甚至说不是人了。可事实上，这样的人却并非不存在。

托尔斯泰一行给饥饿的百姓们带来了食物。四十岁的他从未感到这样的难过，牧师们也表示，他们从未看到这样的场景。

托尔斯泰开始担心这里百姓该怎么度过即将来临的冬天。萨马拉县缺乏食物，但是仅仅依靠托尔斯泰一行人的贡献远远不够，最好的办法便是呼吁全俄国的人民来帮助这里的人民。

"有办法了，请求报社刊登消息啊！"托尔斯泰灵光闪现。

"伯爵是一位作家，如果您来呼吁一定会得到报社的支持，所以就拜托你了！"牧师非常支持托尔斯泰，并且将这件事拜托给了他。

于是，当晚托尔斯泰就修书一封向报社求救，他用那支写出《青年时代》《哥萨克》《战争与和平》的笔，写好求救信。在写信的过程中，每每思及百姓的苦痛，他就不免悲从中来。

在这封求救信中,托尔斯泰详述了萨马拉县因为食物的匮乏陷入的惨状。并且在后面详列出自己的属地——比利洛夫卡村附近十几家农户生活穷苦的具体情况。

力求用真实打动报社的托尔斯泰,还请牧师、书记和佃农领导们在信的结尾处签名。接着,他请自己团队中的每一个人抄写几份,签署"列夫·托尔斯泰伯爵写于塔那内卡农园"后,让人邮寄到全国各大报社。

最先响应托尔斯泰的是《莫斯科新报》,除了刊登这封公开信外,这份报纸还采取社论的形式去发表募捐救济金的计划。

除了向报社求助,托尔斯泰还向在皇宫内当女官的托尔斯德雅姑母求助,托她将萨马拉县人民所遭受的痛苦转达给皇后陛下。

很快,皇后陛下拨下一笔救济金。这样一来,响应的人便多了起来。尤其是接受过教育的莫斯科女性也积极地为他们募捐,这样的募捐活动逐渐扩展到贝德尔普鲁格、卡察·利卡等都市。

截至这一年的9月,他们共募集4980卢布救济金;10月,高达7000卢布;12月,募集的救济金高达384430卢布。这次募捐行动持续到1876年,共募集1887000卢布救济金,以及21000普克的谷物。

托尔斯泰庆幸自己向报社求助,得到热血沸腾的俄国人民的共鸣。可是他却不认为募集活动结束后他便没有责任了,他依旧为了难民们奔波,一旦有人向他求助,他便马上答应。

在那里，若有儿童倒地，他的马车便会停在路旁，找医生就诊。若谁家有人生病，他的马车也会第一时间赶到。一时间，只要听到托尔斯泰的马蹄声，萨马拉县的人们都会微笑，感觉心里暖暖的。

那些营养不良的小孩子们看到托尔斯泰，就会马上围到他的身旁。他真诚的心灵已经深深打动了那里的每一个人，他们听到托尔斯泰的脚步临近，便会用"神的脚步"来形容。

发表《安娜·卡列尼娜》

除了为教育儿童的事情辗转，托尔斯泰还在为饥荒下的农民们奔波。即便如此，他依旧对写小说充满热情，甚至到了非写不可的地步。

那时他的好友费特曾经收到托尔斯泰写给他的信：

> 我的内心充满了写作的欲望，那些灵感不断地涌出我的胸口。无论涌出的是好的还是坏的灵感，我都希望能在美好的秋色中一吐为快。

这个阶段的托尔斯泰想以彼得大帝为中心，创作类似《战争与和平》的长篇小说。在他的书房中，堆满了有关彼得大帝的诸多文献和资料。他经常阅读这些资料，并且在重点部分做批注。

当灵感闪现,他便马上开始写作,这部小说的创作过程十分顺利。

　　翻开托尔斯泰的笔记,就会看到诸多关于那个年代的备忘录、计划和蓝图。可是随着研究的深入,托尔斯泰逐渐对彼得大帝产生了厌恶感。这是为什么呢?

　　原来彼得大帝所有的政治措施都以自己的利益为中心,并非为了自己的国家。他过着不道德的生活——非常奢靡。他建设首都圣彼得堡,到达了奢华的地步。因此,对于彼得大帝这个人物,托尔斯泰已经失去了兴趣,因此他不得不放弃这项工作。

　　这个时候,妻子一句玩笑性的鼓励,托尔斯泰竟然产生了创作一部小说《安娜·卡列尼娜》的想法,这完全是一个意外的收获和灵感。

　　托尔斯泰的伯母塔迦娜,被托尔斯泰几兄妹敬爱。可不幸的是,前年开始伯母便生病卧床。

　　一天托尔斯泰走进伯母的房间,看到羸弱的伯母躺在沙发上,自己十岁的长子正在为她朗诵普希金的小说《断岸》,妻子索菲娅正坐在一旁安静地织毛衣。这个景象简直太美了,一会,伯母便进入了梦乡。

　　儿子轻手轻脚地放下小说,托尔斯泰拿起那本《断岸》,竟然开始轻声诵读起来:"客人们来到了这个村庄……"

　　读到这里,托尔斯泰突然觉得这样的开头形式不错,能够开门见山。妻子看出托尔斯泰的神情说:"不如你也用这样的方式写小说啊！"

听到妻子的话，托尔斯泰眼前一亮，马上走出房间来到书房，写下那句著名的小说开头：

  幸福的家庭总是类似的，不幸福的家庭却有着不同的不幸。

一年之前，就在托尔斯泰创作关于彼得大帝的长篇小说之际，雅斯拿雅·波里雅拿附近发生了一桩自杀事件。

毕比可夫是当地有名的地主，他的妻子安娜·史特帕诺比娜有着极重的嫉妒心，每当家里雇佣女教师，她都会怀疑这些教师会勾引丈夫。

家里又来了一位女教师，安娜采取手段对付那位女教师，最终导致丈夫生气。夫妇二人激烈争吵了一番之后，安娜出走了。

就在出走的第三天，安娜·史特帕诺比娜拎着一个提包出现在雅仙奇车站，并请一位车夫帮忙给自己的丈夫送去一封信。

可是令安娜气愤的是，自己的丈夫居然不愿意阅读自己写的信，并叫那位马夫带回车站交给安娜。谁承想，回到车站的马夫并没有看到安娜这个人，因为安娜已经卧轨自杀了。

当警察和验尸官到齐之后，打开那封信，上面的内容令大家大吃一惊：

杀死我的凶手不是别人，就是你！如果你这个杀人犯想获得幸福，那就和那个女人幸福的生活去吧！想要见我，你就来雅仙奇车站吧，等着你的是我的尸体！

托尔斯泰想以这件事为中心，创作一篇名叫《安娜·卡列尼娜》的小说。但是，小说的内容和现实并非严丝合缝。他将笔下的主人公安娜·卡列尼娜塑造成为一个抛弃丈夫奥布兰斯基军官的年轻夫人。因为走上了违背人道的途径，不得不选择卧轨自杀。

除了安娜·卡列尼娜和奥布兰斯基的虐恋故事，托尔斯泰还在小说中设置了凯蒂和列民这种洋溢着牧歌情调的恋爱故事。这部小说中的所有人物，都可以在现实生活中找到原型，每一个人似乎都生活在身边。

1874年的春天，这部小说的前几个章节写成，托尔斯泰便将它们邮寄到《俄国报》进行初稿的排印工作。次年的1月到1877年的4月，小说陆陆续续开始了连载。

当小说最后八章都没有登载在《俄国报》上的时候，这部小说就被印成了单行本发行。为什么《安娜·卡列尼娜》从初期的创作到后来的发行，进行了如此长的时间？

因为在创作小说的期间，托尔斯泰还在雅斯拿雅·波里雅拿推行自己倡导的教育事业。虽然没有足够的经费去创办草鞋大学，但是托尔斯泰动员全家，将自家住宅的一部分改造成为私塾，让那些农民子弟来到自己的家里接受最基本的教育。其间，他还出版了《国民教育论》和《初级读本》十二卷。

学校的事情告一段落，托尔斯泰还在为萨马拉县的饥荒工作奔走筹款。不幸的是，伯母的身体每况愈下，最终在1875年病逝。

雪上加霜的是，托尔斯泰一岁半的小儿子贝萨和尚在襁褓中的尼克莱相继夭折。诸多的悲惨事件都在打击着托尔斯泰，导致其《安娜·卡列尼娜》的创作工作一再受阻。

至于小说的最后八章并没有选择在《俄国报》上连载，源于出现反战思想的托尔斯泰与报纸的编辑产生了冲突。

《安娜·卡列尼娜》中的角色列民捐献自己所有的财产，组成一队骑兵远赴阿尔比亚战场。托尔斯泰将这种行为定义成上流人士的盲目，可是当时的俄国社会都认为这是爱国的表现。因此，道不同不相为谋的托尔斯泰和《俄国报》的主编考克夫便这样分道扬镳了。

为什么托尔斯泰从军之时到现在，会对战争的态度发生180度的大转变？这是源于他的人生观发生了改变。

为了自己的精神而生活

在旷世小说《安娜·卡列尼娜》中，有人这样说："人各有异，有人为了欲望而生活，而有的人则是为了自己的精神而生活。"

这句话也反映了托尔斯泰创作时的思想斗争,人究竟应该为了什么而活呢?回想从前,在雅斯拿雅·波里雅拿,自己是地主和贵族。在萨马拉县,自己也拥有相当数量的土地和马匹,而自己究竟是为欲望还是精神而活的呢?

也许,早在创作《战争与和平》的时候,托尔斯泰的内心就曾经为这个问题挣扎过。只是当创作《安娜·卡列尼娜》时,这个问题更加凸显而已。

1875年,托尔斯泰曾在写给朋友的信上表示:

我非常满足于最近的工作,可是每当看到那些遭受饥荒的难民,我就会感到异常的痛苦。这种思想本身也让我感到痛苦,你觉得奇怪吗?

我们家的餐桌上摆着黄色的奶油、咖啡色的面包和玫瑰红色的芜菁,在那美丽餐巾的衬托下,一切是那么的美丽。我们家的院子里有着郁郁葱葱的树木,夏日的午后总有年轻的主妇在树下乘凉。

可是就在不远的地方,那些该死的饥荒却在肆虐,田地里没有一丝生气,枯草占领了整个干涸的土地。农民们民不聊生,他们的皮肤皲裂,家中饲养的家畜的蹄子也开始脱裂。

身为贵族的我,却看着菩提树的树荫下那款款的佳人，享受着餐桌上的美味。不知道在未来的某一天，我们是否也会遭受恶魔的恐怖对待。

那些农民没有食物果腹，而贵族们却享受着饕餮盛宴。农民们没有衣物蔽体，而地主们却披着雍容的华服。这并不公平，对吗？

这样的疑问早就在托尔斯泰的心中生根发芽了！

第五章
活着就为了实现理想

被教会除名

　　托尔斯泰家族信奉的是俄国的东正教，父亲并非教徒，但是母亲及后来养育他的伯母和保姆都是非常虔诚的基督徒。

　　从幼年开始懂事，到少年和青年时代，托尔斯泰被灌输的是基督教信仰。可是到了十八岁，大二的托尔斯泰退学后，虽然仍是形式上的基督教徒，但他不再信仰基督教。

　　日后的托尔斯泰创作了很多关于宗教的书籍，包括1882年完成的《忏悔》、1884年完成的《我的宗教——我的信仰何在？》、1885年完成的《我们应该做什么？》、1891—1893年完成的《天堂就在你的心中》、1894年完成的《对神的察考》、1898年完成的《宗教与道德》、1901年完成的《理性与宗教》以及1902年完成的《宗教为何？》等书。

若想了解托尔斯泰的宗教观点，只要翻开其中任意一本书便可。下面粗略摘抄托尔斯泰1879年10月28日的日记：

1. 这个世界上面，有许多没有翅膀却又极具分量之人，最强者莫过于拿破仑，在地面上兴风作浪。他们将恐怖遗留人间，在土地上播撒下不安的种子，自己却常常匍匐在地。

2. 僧侣们却是，身披翅膀缓慢飞上九霄之上的人。

3. 那善良的理想主义者呢？他们的身子轻巧，可以飞上天空，然后又可以缓缓下落。

4. 翅膀非常健硕的人身处上界，他们常常为了人类自己而收起翅膀，飞落到人间来教导人类。一旦任务完成，他们就会再次飞上天空。

简单地来区分，这四类便已足够。我选择的正是第四条道路。

想要跟着信仰走，便要付出真实的努力。于是从1884年开始，托尔斯泰就放弃狩猎的爱好。到了1887年的春天，他戒掉了吃肉的习惯。1888年，托尔斯泰更是把烟也给戒了。

从这些事例中，我们不难发现，托尔斯泰有自己的信仰和追求。在这期间，斯泰艾夫父子曾经因为信仰与宗教发生过冲突，因此托尔斯泰和斯泰艾夫父子一样，对教会进行了批判。

在著作中，托尔斯泰表达过自己对教会的不满，并大力宣扬人道主义精神。基督教对托尔斯泰这种坦白的叙述进行了反对。

在神圣的宗教会议中，这些教徒向托尔斯泰宣告："因为你对基督教的理解都是错误的，我们必须将你开除。即便你百年之后，也不能得到本教的葬礼祝福。"

但是，却有很多人赞成托尔斯泰，这些人不是别人，正是他的读者们。基辅大学的学生们抬着印有"列夫·托尔斯泰"的牌子在街上游行，几天之后莫斯科大学的学生们也加入这个行列中，他们都在用自己的实际行动支持托尔斯泰，希望他不要向教会低头。

在玻璃工厂打工的劳动者们也在默默地支持着托尔斯泰，他们在玻璃饰品上写上这样一句话：

> 值得我们深爱的，除了列夫·托尔斯泰之外，没有别人。那些革命的先驱都被抓进监狱或者处以火刑，现在教会宣布开除您的教籍，我们请求您千万不要气馁。因为对于我们来说，您就是一位值得敬爱的老师。

对于教会开除他的宣言，托尔斯泰不卑不亢地表示："我并不意外，要知道并不是因为我的反抗教会才开除我的，而是因为我把自己全身心地奉献给我的理想，才导致我被教会开除的。现如今的教会非常愚蠢，依靠搜集迷信的魔法来哄骗百姓，他们的教义非常虚伪。"

虽然托尔斯泰被开除了教籍，但是他并没有因此而改变自己的想法，他依然在自己的理想追求上大踏步向前。

患上一场严重的疟疾

1901年6月，托尔斯泰患上了非常严重的疟疾，一连十天他都徘徊在死亡的边缘。子女们都回到了托尔斯泰的身边，妹妹玛丽亚也和亲戚朋友一道来到托尔斯泰的庄园。许多慰问信和电报从全国各地纷至沓来，都在祝愿托尔斯泰能早日恢复健康！

认为托尔斯泰难以挺过这场疟疾的沙皇政府，明令禁止相关单位进行演说、宣言和游行。可是令大家意想不到的是，十天之后托尔斯泰恢复健康了。

于是，他收到很多人的祝贺信，其中还有一封高尔基签名的贺信。罗马尼亚的女王也写信给他，表达对他的敬仰之情。

可是就在这一年的7月末，托尔斯泰再次病倒。这一次医生建议他去到克里米亚进行疗养，他决定采纳。得知托尔斯泰接下来的疗养计划，俄国最富有的女人帕宁娜伯爵夫人邀请托尔斯泰去她位于克里米亚海滨的别墅进行疗养。

  1901年的9月5日,在妻子索菲娅、长子谢辽沙、两个女儿莎霞和玛莎,以及玛莎的丈夫的陪同下,托尔斯泰乘坐火车从图拉前往克里米亚。

  他们所乘坐的是专用车厢,内带厨房、餐厅和单间的卧室,内壁装饰得非常富丽堂皇。可是面对如此豪华的车厢,一家人都心不在焉,令他们担心的正是托尔斯泰的病情,不知道身体极度不舒服的他能否坚持到那么远的地方。

  火车驶进哈尔科夫车站的时候已经是傍晚了,托尔斯泰被前来欢迎他的人围得水泄不通。当大家听说托尔斯泰要行经此处时,都特意前来向他致敬。

  强撑病体的托尔斯泰向每个欢迎自己的人表示感谢,二十分钟之后火车才开动,这时大家仍然沉浸在欢迎托尔斯泰的氛围中。无奈之下,妻子和大儿子搀扶着托尔斯泰来到窗前,对着群众挥手道别。

  人们把托尔斯泰看作是爱和善的代表,此时的他俨然成为举世瞩目的焦点。一位朋友在给托尔斯泰写的信中,描述了这样一个情景:

  一些从国外回国的朋友们告诉我,无论什么时候、在什么地方,只要听到有人在说俄语,就会有人马上停下自己的话题,凑上前去询问托尔斯泰的病情。

前往克里米亚的火车缓缓向前,托尔斯泰却因为病痛的折磨难以入睡。他知道前方就是自己当年浴血作战的地方——塞瓦斯托波尔,他不由得激动起来,往事如烟,一幕幕地在眼前闪现……

抵达塞瓦斯托波尔之后,托尔斯泰一行入住当地最好的酒店。略微休息后托尔斯泰便提出要求,想去当年作战最激烈的地方——第四棱堡看一看。

他好像看不够那里的一切。凑巧的是,托尔斯泰看到了当年的老战友的儿子,并且在他的带领下参观了当地的市博物馆。当然,托尔斯泰在这里也受到了非常热烈的欢迎。

在这里进行短暂逗留之后,托尔斯泰一行换乘马车抵达那位伯爵夫人的海滨别墅。这栋别墅奢华得就像一座宫殿,透过窗外便能欣赏到外面大海的景色。富翁和王公贵胄都居住在这座别墅的两边,其中不乏沙皇的叔叔。

当沙皇的叔叔得知托尔斯泰要来这里进行疗养后,马上从自己的住处来托尔斯泰疗养的别墅进行探望。由此,托尔斯泰萌生给沙皇写信的想法,并且希望由沙皇的叔叔转达。

于是,当时已经不能自己动手的托尔斯泰于1902年1月16日,由别人笔录、他口述,"动笔"给沙皇修书一封。在信中,他批判了现存制度,倡导自己"道德救世"的思想,希望沙皇不再实行杀戮的政策。

这封信写好之后不久,托尔斯泰的病情急转直下,体温升高到无法控制的地步,他开始剧烈的咳嗽,每分钟脉搏跳动高达150次,有时还出现脉搏中断的现象……

面对这样的情景,家人分别从莫斯科和圣彼得堡请来苏洛夫斯基医生和别尔京松御医为托尔斯泰诊治。结果显示托尔斯泰肠弛缓、肝硬化,还伴有黏膜性肺炎并发的心脏衰竭症状。看来,托尔斯泰生命垂危,似乎已经到了无法挽救的地步了。

当这个消息传出后,沙皇居然下令一旦托尔斯泰死后不能为他举行追悼会和安魂祈祷,严禁群众为他集会进行任何悼念活动。

莫斯科的书报检察机关甚至宣布:托尔斯泰一旦病故,关于他的生平的文章及悼念他的文章严禁刊登在报纸上。

托尔斯泰似乎也意识到死神的脚步,于是他总是问自己的妻子:"几点了?"当妻子每次回答之后,托尔斯泰会非常沮丧地说:"我以为死很容易,没想到它竟然这么难!"

可是,奇迹再一次发生,当他的支持者都沉浸在托尔斯泰将要死亡的悲痛中时,托尔斯泰却意外地活了过来。1902年3月,托尔斯泰的身体恢复了过来。这真是让人喜出望外的消息啊!高尔基更风趣地表示:"死亡并没有天才有力量。"

再一次与死神擦肩而过的托尔斯泰,更加珍惜自己的生命。他也意识到自己的生命越发的短暂了,于是他开始着手创作自己的回忆录。

时间飞快,这一年的6月,托尔斯泰一行开始着手回他的故乡雅斯拿雅·波里雅拿。此刻的托尔斯泰夫妇还想再欣赏一下当地的美景,于是两人来到海边,海风轻轻地吹拂两人的面庞,蓝天大海都在默默祝福着二人……

请不要杀人

拥有独特信念的杜赫宝教派出现在俄国,已经是18世纪后半叶的事情了。"人人平等"是这些教徒的理念,因此他们不相信其他人对一个人拥有支配权和处置权。

当时的俄国是一个帝制国家,认为人人平等的教徒当然就不承认沙皇的存在。但他们对同胞的感情却非常浓厚,这些教徒共享他们的牲畜和土地,共同建设并且经营孤儿院。

杜赫宝教徒们反对战争。对于这些教徒,俄国政府束手无策,无奈之下只能将他们放逐到高加索那样边远的地方,这属于政治上的流放。

"你们只能藏在山中,不允许到城里来!"当听到这样的宣判,杜赫宝教徒别提有多高兴了。他们进入到高加索的山中后,便开始按照自己的理想过着与世无争的生活。

虽然沙皇权力非常大,但是却对那里鞭长莫及,杜赫宝教徒们能够在那里充实而快乐地生活。可是从1886年开始,这一切都改变了。

"你们也是俄国公民,有义务为皇帝的军队服务!"这个布告一经张贴,杜赫宝教徒非常气愤。他们诘问沙皇的士兵:"你们不是说,只要我们不进入城里,便可以在这里过喜欢的生活吗?"

但是"普天之下,莫非王土",强权之下,杜赫宝教徒不得不执行命令去做屯垦兵。当然,这是被强迫的。

杜赫宝教派的领导者叫彼得·卫利银,他曾经读过托尔斯泰的作品,他说:"我们应像托尔斯泰说的那样,拒绝当兵!"

于是,教徒们纷纷响应。在1895年的6月28和29日的深夜,杜赫宝教徒分为三个小队,分别来到三个地方边唱赞歌边举行庄严的焚毁武器的仪式。

但是间谍的告密导致这次行动曝光,三千余人被法院判决,头领还被送进了监狱,其余教徒都被流放。虽然焚毁武器运动失败,但是他们并没有结束教派的抵抗活动。

就这样,在短短两年的对抗时间里,又有四十一人被送进监狱、七十四人被判以十八年的流放,还有四百七十人被处以死刑。情况到了如此惨烈的程度,而那些生存者也被勒令不得与亲人共同生活。如果亲人偷偷探望自己的子女,一经发现会被处以鞭刑,或者直接被处死刑。

得知这一消息的托尔斯泰出面,希望能够搭建一座政府和教徒之间的桥梁，但是结果不尽如人意。教徒们也纷纷表示：

"如果事态一直这样下去的话，那么不出几年我们都会被处死。"

"我预感根本没有办法维持几年，说不定今年我们就能与那些死去的教徒见面了！"

"这个世界这么大，难道只有俄国能让我们生活吗？"

"只要太阳能照耀的地方，我们都能生活！"

"是的！让我们去寻找那更为广袤无垠的天地吧！"

…………

托尔斯泰想尽自己最大的努力，让这些教徒能够找到一片乐土继续生活。于是，他不单单向国内求助，还向英国和美国求助。

托尔斯泰将杜赫宝教徒所受的不合法处置报告给全世界，希望有人能够同情并且接纳他们。就在托尔斯泰的积极奔走下，加拿大政府欢迎杜赫宝教徒移民到那里，政府向他们提供一块自由生活的土地。

这个消息令托尔斯泰喜出望外，他开始帮助杜赫宝教徒筹措旅费。按照一个人一百卢布来计算，七千人就是七千万卢布。怎样才能筹措到数目如此庞大的旅费呢？

显然，政府是不会出资给他们移民的。于是托尔斯泰一面偷偷筹措旅费，与此同时他开始创作小说，希望得到一些稿费帮助杜赫宝教徒离开俄国。就是在这样局促的情况下，《复活》于

1899年完成了。

很早之前,托尔斯泰便启动这部小说的创作工作了,但是当时被一些杂事阻碍,为了筹措旅费,他要继续创作下去。这部作品并非托尔斯泰的自传,因为听到过类似的故事,才激发托尔斯泰的创作灵感,再加上他的想象力,《复活》才得以问世。

这部小说最初的名字叫《尼克的手记》,小说的主人公分别是一位相当有地位的贵族——涅夫留得夫公爵和一个处女——喀秋莎。前者曾经诱惑后者,两人却在法庭上重逢。此时那位有地位的男主人公成为陪审团一员,恰巧审理的正是这个女孩的案子。正是在法庭上的机缘巧合,这个男人良知重现。

在法庭上,公爵知道喀秋莎被自己强奸过,良心顿时受到了谴责。虽然喀秋莎被判决放逐到西伯利亚,但是公爵却四处奔走,使得喀秋莎被特赦。可是在狱中的喀秋莎结识了政治犯西蒙逊,决定追随他的脚步去西伯利亚。公爵也开始重生。

托尔斯泰用温润的笔触扩大了事件的社会性和政治性,并借此探讨人性的本质。他的笔触尖锐地直戳当时俄国的教会以及俄国行政制度的不合理。

作品发表之前,几度受到政府审查官的检查,他们不认同托尔斯泰的思想,于是"鸡蛋里面挑骨头",不是这处写得不妥当、就是那处写得不详实。最后删减了一些情节,有些章节甚至被全部删除。

面对这样的情况，托尔斯泰当然非常气愤，可是他并没有办法反抗政府的做法。自己的小说被删改的面目全非，毫无批判意义，无奈之下，托尔斯泰只好重写，导致这部小说越写越长。

当初预定的稿费为一万二千卢布，因为篇幅的增大，稿费增加到两万三千五百卢布。幸运的是，这部作品最终问世，并在全世界受到好评。

罗曼·罗兰给予这部作品非常高的评价：

"透过这部作品的每一章节，都能看到托尔斯泰那闪烁智慧光芒的眼睛。他那灰色的双眼深藏锐利的锋芒，可以看穿每一个人的内心世界，并且找到人性中最为精彩的精神所在。"

《复活》的稿费全部捐助给杜赫宝的教徒们。就在这部小说创作期间，托尔斯泰也在不断地向全世界呼吁捐助杜赫宝教徒。不久后，便又为杜赫宝教徒筹措了一部分旅费，虽然并不十分充足，但和预定的差不多。

杜赫宝教徒们便拿着募捐而来的旅费离开俄国，去到了加拿大。这件事过去几年之后，俄国爆发了和日本之间的战争。

战争永远没有存在的必要

1904年1月27日，俄国爆发了与日本之间的战争。年轻时，当过军人的托尔斯泰，曾经将自己的从军生涯写进了《哥萨克》和《塞瓦斯托波尔战记》中。

参加高加索战争和克里米亚战争时,托尔斯泰就已对战争很反感,因此,克里米亚战争结束后,他马上辞去军职。

托尔斯泰在日记中曾表示出对战争的不理解:

要说这世界上最大的坏事,那非战争莫属。为了抹掉因为战争而造成的良心不安,我开始喝酒,甚至对战争产生极其愤恨的心理。

在克里米亚战争进入到白热化状态,交战双方达成休战的协定,双方高举着白旗来到战场上,开始收拾战友们的残骸的时候,托尔斯泰发现,此时的交战双方并不像战场上那样敌对,反倒增加了亲昵和微笑,此时的他不禁对自己发问:"我们为什么还要引起战争呢?"

托尔斯泰继续着自己的思考:大部分的军人都信奉基督教,他们对战争是怎么想的呢?在告诫他们不要杀生的神的面前,他们难道没有任何触动和悔悟之情吗?

时间来到了日俄战争的这一年,托尔斯泰明确地感觉到自己心中对战争的厌恶之情。在他看来,战争是这世界上最大的罪恶。因此在战争期间,他不偏袒交战的任何一方。

日俄战争的初期,沙皇就曾经呼吁全国的百姓:"为了维护国教、皇帝和祖国,请大家奉献自己的生命!"因此教会的牧师们开始为战争祈祷，可是这大大违逆了宗教"勿残杀"的戒律。

由政府控制的报纸一边维护战争，另一方面则极尽能事地激发俄国人民对日本的仇视心理。一大批年轻人响应沙皇的呼吁，远赴战场。

"这可真是令人惊讶啊！"托尔斯泰不禁在心中感慨道，全世界的任何一个宗教都不提倡杀生，可是就在这个人们都信仰宣称"勿残杀"的宗教的国度，居然燃起民众仇恨的怒火，而要远赴战场残杀他人。托尔斯泰一直不明白"这究竟是因为什么"？

憎恨战争本质的托尔斯泰，在英国的《伦敦时报》上刊登了一篇题为《请各位先生反省》的文章，在这篇文章中托尔斯泰详述自己的反战观点：

请各位先生反省吧！请停下手中正在做的事情！请你扪心自问：我是谁？我从哪里来？我在做什么事情？我的目的是什么？

如果我们再不反省的话，那么人类将陷入不幸的万丈深渊里。当这次战争结束之后，人类再不反省，那么等待人类的是更大的战争。

报纸上对战争的报道，更加激发了托尔斯泰的反战思想。他不再忍心翻开报纸，上面的每一条报道都让他心神难平。

可是当听说在这次战争中俄国战败的消息之后,托尔斯泰心中也泛起悲伤的意味,他喃喃自语道:"哦,天哪!俄国战败,可真让人难受啊!"

有趣的是,当听说俄军在某次战斗中投降的消息时,他又会义愤填膺地说:"怎么打仗的?我们那个年代,不会出现这样的情况!"

如果真的是反战,那么无论俄国取胜或者是失败,都不能搅乱托尔斯泰的内心。可是在这样的关头,托尔斯泰却非常着急,这是为什么呢?那是因为,托尔斯泰有一颗炽热的爱国心。

当他在报纸上呼吁大家"反省"的时候,正是自己的爱国心指引的。在请求他人反省的时候,托尔斯泰也在进行着反省:我必须放逐我内心的利己主义,才能爱这世界上的一切。

一天,两位少女来到托尔斯泰的住处访问他:"我们自愿到前线做护士,您说这种行为是错的吗?"

托尔斯泰的回答则是:"战争是一种杀戮行为,你们还是不要到战场上去吧!"听到他的回答,两位少女非常气愤,抗议道:"虽然战争这种行为是不对的,但是在战争中势必要有伤患,我们是去救护那些伤者,并非对战争推波助澜。难道这有什么不对的吗?"

乍听之下,两位少女所言有理。可是托尔斯泰却反驳道:

"老实说,你们去战场难道不是想获得功劳吗?我不相信你

们一点私心都没有，如果你们俩真的如你们所说有一颗善心，那为什么不到偏远的穷困地方去救助贫困的人呢？在那里，有因食物匮乏不能果腹的人，也有生病得不到救治的人……他们正在等着像你们这样的人去救助呢！"

"可是你们两个口口声声说自己是想奉献自己的一点薄力，难道你们只有去战场的热忱，却没有救助偏远地区灾民的爱心吗？这是为什么？难道不是因为，相较于战场，那里更为平凡。你们不愿意从事平凡的善举，我没说错吧？"

日俄战争期间，日本也有大量反战人士。托尔斯泰刊登在《伦敦时报》的那篇反战文章，不久之后便被日本的《平民新闻》刊登，引起大量日本民众的共鸣。

当托尔斯泰得知自己在异国他乡也有知己的时候，别提心里有多高兴了。一位名叫安部矶雄的日本人给托尔斯泰写信进行交流，在给他的回信中，托尔斯泰这样写道：

> 收到您的来信，我非常高兴，因为我知道在日本也有很多理性的人反对战争，庆幸的是很多有着宗教信仰的人也认为战争即是罪恶。
>
> 我反对战争，并非因为这次参与战争的是我的祖国。无论哪个国家爆发战争，我都非常反对。感谢上帝，居然有人能跟我产生共鸣……

在《天堂就在你的心中》这本书中,托尔斯泰明白地阐述他反对战争的思想。在托尔斯泰看来,无论是在过去、现在还是在未来,战争都没有任何存在的理由。

战争侵害人类权益的同时还会摧毁人类的历史文明。

第六章
痛苦的晚年生活

最后的农民学校

托尔斯泰一直不忘自己的"教育理想",于是在1907年他再度创办农民学校,这是他最后一次办学。

托尔斯泰感觉到,只有在学校中跟那些农民子弟待在一起,自己才最为快乐。有的时候,为了方便授课,他在日记或者是纸片上写下备忘录。比如他想了一些道德准则,用来约束学生:

1. 不许责骂他人;
2. 不能暴饮暴食;
3. 不要有过度的欲望;

4. 保持头脑清醒；

5. 千万不要打架；

6. 不揭他人短处；

7. 永远不要偷懒；

8. 舍弃撒谎的习惯；

9. 不能暴力抢夺；

10. 不可伤害动物；

11. 时刻同情他人；

12. 切记与人为善；

13. 时刻尊重长辈。

规定了学生的道德规范之后，托尔斯泰还为这些学生们编写了一本名为《儿童的基督教》的书，又为他们编写《儿童的读本指南》。

1848年，20岁的托尔斯泰从喀山大学退学回到家乡后，创办了第一所农民学校。不过好景不长，托尔斯泰第一次创办的学校很快就关闭了。自那次之后，每次办学，都以失败告终。

可是，想要为农民子弟办学的心情，从第一次到现在，即使他已经七十多岁了，也没有改变。虽然托尔斯泰现在年事已高，而且身体状况大不如从前，但是那种教育农民子弟的热忱还在，这种热忱不会因为时代的变迁和年龄的增长而消减，反而会增强。

1860年那会儿，在第二次办学之前，托尔斯泰曾经考察西欧的教学制度。考察的结果给他当头棒喝，他发现了西欧很多国家教学制度中的弊端，并且决定在办学的时候坚决摒弃那些方法。当然，其中也有值得借鉴的地方。值得学习的地方，自己一定要在办学的过程中得以实现；反之，则一定要摒弃。只有这样，才能保证自己的教学质量。

托尔斯泰曾在书中为自己立下信条：

不要骄傲；

不要奸淫；

不要宣誓；

不要作恶；

不要树敌。

这几个信条成为托尔斯泰的座右铭，随着时间的流逝，这几个信条也成为人类的共同规范。在办学的过程中，托尔斯泰也是根据这几个信条来制定自己的教育方针的。

现在看来，虽然托尔斯泰在第一次办学和最后一次办学的时候，采取的是同样的一个原则，但是在办学方法上却有着一些变化。追根溯源，五十岁之后托尔斯泰有了更多的信仰。

在1907年3月11日的日记中，托尔斯泰写道："现在的我更加热衷儿童们的课业,越往前走越感到困难,可是那种对成功的渴望也愈来愈大。"

一直以来,托尔斯泰都不喜欢"高压教育",他认为儿童们只有自由地思考才能发现这个世界上的美好事情。这是他一直以来坚持的教育理念。

他还和儿童一起思考一些问题,比如:

为什么人要活着?

怎么样才能幸福地生活?

怎样做才能保障所有的人都能过上幸福的生活呢?

…………

现在的托尔斯泰不但已经和自己创办的学校的学生心连心,还和其他地方的学生们心连心。为了这些儿童,托尔斯泰呕心沥血,可是这些儿童距离自己理想中的样子还有差距。

在一个清晨,托尔斯泰走进森林里散步。鸟儿在树枝上啼叫,紫色的小花散发着清新的香味,托尔斯泰一边哼唱着小曲一边轻快地散步。忽然,在森林的另一边他听到了儿童漫骂的声音。紧蹙双眉的托尔斯泰想着,怎么会这样?

快步走了过去,托尔斯泰看到在洋槐树林附近,一群儿童正在用非常下流的语言攻击彼此,似乎还有要打起来的架势,在这群儿童不远处还有几个儿童正蹲在地上抽着烟。

"哦,天呐!他们怎么会这么没有教养!"看到这个场景的托尔斯泰非常痛心。他们怎么会做出这样糟糕的行为？托尔斯泰不禁悲伤起来。

回到住处的托尔斯泰陷入沉思，究竟应该采取什么样的方式才能教导他们，使其成为对社会有用的人呢？他的心情异常沉重，但是却没有因为看似绝望而灰心。

托尔斯泰认为，自己有责任将他们教导成有人格、有正确世界观的人，这就是自己办学的目的啊！如果因为他们是农民子弟，就放弃对他们的教育，那么等待他们的就是堕落，这完全违背自己的初衷。

当时的俄国社会，只有少数的贵族、地主子弟有资格接受教育，上流社会都认为农民子弟完全没有接受教育的资格，他们认为农民子弟愚笨至极，都是一些只配做粗活的下等人。

托尔斯泰认为，这个理论是错误至极。农民也有接受教育的权力，农民子弟也有学习知识的必要。他们只有接受正规的教育，才能成为有教养的人。

只要接受教育，农民子弟照样能成才。而且因为自己卑微的身份，农民子弟能付出比贵族家的子女更大的努力去学习，最终将成为比上流社会的子女更优秀的人才。

因此，托尔斯泰更加坚定了教育农民子弟的理念。如果一味地对他们堕落的行为不置可否，那么这些农民子弟自然会效仿社会上诸如抽烟、酗酒、赌博等坏习惯。一旦沾染这些恶习，他们将会虚度一生。

托尔斯泰还进一步认为，教育他们的同时还要拯救那些问题儿童的心灵，这是自己工作的重中之重。为了达成自己的教育理想，托尔斯泰愿意牺牲自己。

相对于托尔斯泰对办学的热忱和急切，他的妻子索菲娅却对他办学的想法持反对意见。这是为什么呢？

原来，索菲娅非常认同当时俄国的普遍思想，她认为一旦农民子弟学习知识便会变得桀骜不驯，很难管教。一天，托尔斯泰便就这个问题和妻子索菲娅产生争吵，最后索菲娅表示：

"跟你吵了一架，我的心情却变得轻松许多。"

"不要轻松！"托尔斯泰摇摇头，说道，"办学是在维护农民子弟的根基，这是我二十岁以前就有的理想。换言之，在跟你结婚之前，我已经决定一定要为农民子弟创办一所学校，并且教育他们！"

听到托尔斯泰的话，索菲娅给他浇冷水：

"跟那些儿童一起研究基督教教义是完全不可行的，那些孩子只会鹦鹉学舌般地背诵《圣经》，他们怎么能够了解其中真正的奥义呢？你教育他们，跟对牛弹琴并无二异。"

听到这番话从妻子的口中说出，托尔斯泰非常生气地喊道：

"即便是对牛弹琴，至少可以让基督的声音存留下来啊！"

"农民子弟就是农民子弟……"显然，索菲娅并不认同托尔斯泰的想法,"即便你付出再多的努力,最后也是徒然无功。你付出再多的心血,教育出来的一定也是赌徒、盗窃犯和酒鬼。"

托尔斯泰的妻子坚持自己的观点,她认为农民子弟完全没有成为有教养人士的可能,他们从出生的那一刻起便是农民,无论日后付出再多的努力也不能成为可造之才。

这种观点得不到托尔斯泰的认可,他认为自己教育的那些农民子弟当中,虽然难有十分优秀的人才,但是他们当中的几个还是很有潜力的。只要找到正确的方法教育他们,他们一定能比那些贵族的子女还要优秀。

而索菲娅继续坚持自己的观点,一天她说道:"想要知识进入到农民子弟的脑海中,就好像用竹篮打水一样,结果就是一场空。"

托尔斯泰知道索菲娅反对自己办学的理由是恐惧那些在他背后中伤自己的反对者,可是坚信自己理想的托尔斯泰毫不理会那些敌对自己的人,他认为只要按照自己的道路继续走就可以了。

可是索菲娅则不这样想,她想要的是像过去那样的贵族生活,安宁、充实……她希望能和自己的子孙们一起快乐地生活,便此生无憾了。因此,她希望农民和贵族"互不相欠、互不干扰"地生活,大家各行其道。

这个时候,已然有一条鸿沟横亘在托尔斯泰和自己的妻子之间,两人之间的争吵便因此多了起来。

回想起第一次办学,那时是农民们反对托尔斯泰办学,并且埋怨他:"不要教会孩子们投机取巧!"那时的农民认为知识不是每个人都必备的,他们觉得做农活远比读书写字更有价值。

可是现在不同了,农民们也有了自觉的心态,除了那些愚昧到无法挽救的人,大多数农民都同意托尔斯泰能够开办学校。

然而,当农民们赞成托尔斯泰办学,妻子的反对声音也不能说服托尔斯泰的时候,一股非常强劲的反对力量横在了托尔斯泰面前。这股力量来自他的反对者——反对他宗教观念的那些教徒们。

为了反对托尔斯泰创办农民子弟学校,那些人召开了"神圣宗教会议",将托尔斯泰视作邪教徒,开始监视和憎恨他。此外,俄国政府也给托尔斯泰的办学带来极大的障碍。

1862年,托尔斯泰第二次办学时,他因为生病前去萨马拉县进行马乳酒疗养的那段时间,政府认为他的思想过于偏激,于是派宪兵队对其学校及家里进行搜查,导致托尔斯泰那次创办的学校最终关门。

1890年,再次办学的托尔斯泰收到了政府的通知,命令他关闭自己所创办的学校,理由跟二十八年前搜查的那次是一样的。他们始终认为,托尔斯泰的办学思想非常激进。

当时的俄国有诸如革命社会党、社会民主党等多个党派,他们一直在伺机而动推翻政府的领导。

这些党派信奉的是马克思主义，他们采用唯物史观来确定自己的人生观，因此他们否定宗教的存在。

当时，这些党派鼓动人民罢工，政府惊慌失措，认为托尔斯泰也和这些党派站在统一战线，因此托尔斯泰才遭受到不公平的待遇，使自己办学的理想不能够实现。

托尔斯泰不信奉唯物主义，他并不否认宗教，而且年轻时还是一个信奉宗教的教徒。就在革命党准备用暴力来推翻政府的时候，托尔斯泰却主张用爱来感化政府。

索菲娅并不明白这两者有什么区别，但是她却非常讨厌政府对待托尔斯泰的这种行为。索菲娅只想安静地过着贵族的生活，并不关心外面的世界。

托尔斯泰一心扑在自己创办的学校上，为了拯救农民，他愿意奉献。无论是遭到来自教会的反对，还是受到政府的阻挠，他都没有退缩。为了农民子弟的福分，他也不能改变自己的意志。

宗教教派、政府和妻子都害怕农民子弟的觉醒，害怕觉醒的农民子弟推翻以往的世界。可是在托尔斯泰看来，这是再正常不过的事情了。每一个人都有追求幸福的意愿和权力！

进入知天命之年

五十岁以后的托尔斯泰已经在他的作品中，将自己的心态展露无遗。像是1882年完成的《忏悔》和1884年完成的《我的宗教》，是描写宗教的论文；1898年完成的《艺术论》和1904年完成的《哈姆雷特论》则是关于文学的论文。当然，最能充分表现他思想的作品莫过于《安娜·卡列尼娜》和《复活》。

此外，托尔斯泰还专门为少男少女创作了《托尔斯泰的童话》和《傻子伊凡》等童话，这些是从1881年到1887年完成的。是什么促使托尔斯泰创作童话作品的呢？这恐怕要从一位歌手说起。

1879年，一位会讲故事的歌手突然来到托尔斯泰的故乡雅斯拿雅·波里雅拿，并且来到托尔斯泰的家中进行拜访。

从这位像候鸟一般迁徙的诗人那里，托尔斯泰听到很多古代俄国的民俗故事，深受感动的他便决定依据这些故事创作一些童话。

托尔斯泰创作的童话并非简单直白的，而是被他灌输了很多人生观、价值观以及社会观等理念，因此只要读他的童话就可以深刻地了解托尔斯泰的思想。

很多参与到托尔斯泰童话的翻译工作的人们认为，他所写的童话《傻子伊凡》给他们带来的震撼不亚于《战争与和平》。托尔斯泰用最为简单的笔调来阐释自己的中心思想，这成为托尔斯泰式的心中流露方式。

在创作这本童话的初期，托尔斯泰曾经为其中需表达的思想痛苦不已。因此，只要是读过这本童话的人，都会知道托尔斯泰当时的崇高理想。

当然，在这个世界上很多人都能把理想和生活区分开来，可是托尔斯泰却做不到。只要是他认准的事，无论别人怎样阻挠，他都要坚持到底。

就像最后一次办学的事情，即便是受到来自教派、政府和妻子的反对和阻挠，他却不为此退缩。他认为一旦自己退缩，那就是思想和行为不在同一战线了。

可是，托尔斯泰的生活中却有一些看起来和他的理想矛盾的现象。他是一位拥有七百个佃农的贵族，本可以过着富庶的生活。可是在他的内心深处却深深地为佃农的生活产生怜悯的感情，他认为如果佃农们遭受到不公平的待遇，那么一定是违背了上天的旨意。

他想要促进大家的平等地位，可是却不知道应该从何下手？为此，他常常感到困惑。

最初，他想要抛弃贵族的生活。可是妻子索菲娅反对他的想法，即便是托尔斯泰曾经对妻子说过很多遍"贵族和农民应该平等"，可是妻子仍然反对他的想法。

因为和妻子在理念上的种种矛盾，托尔斯泰曾经想过用自杀来解决，最后未果，于是他想到要离家出走，那或许可以解决问题。

读过《傻子伊凡》这部作品的读者，一定可以从这部作品中了解托尔斯泰当时所承受的困扰。他希望自己过着与童话故事中一样的生活，像傻子凡伊那样知行合一。

托尔斯泰的一个梦

一天托尔斯泰做了一个梦,认为自己拥有那么多财产是一种罪过,应该像高加索农民那样,共同拥有一处土地,才算是美好的生活。如果像那里的农民一样生活,那么俄国一旦发生革命的话,"土地私有制"是应该最先被废止的。

梦中,俄国所有的农民都在大喊:

"快去高加索做农民吧!"

"我们要拥有属于自己的土地!"

…………

醒来之后的托尔斯泰想到自己是一个拥有很多土地的地主,农民们衣衫褴褛地辛苦劳作,自己则是坐在树荫下乘凉,这种不公平让他充满罪恶感。

地主从佃农那里榨取不合理的田租,导致了这种不公平现象的发生。即便农民们从早干到晚,依然会三餐不保。想到这,托尔斯泰认为自己的人生简直太罪恶了。无法排解苦恼的他,经常喃喃自语。

他的人生仿佛陷入一个黑洞中,没有一件事可以让他感到快乐,他希望可以从古籍中找到答案,可是未果。

托尔斯泰认识的每一位农民都非常优秀,尤其是一位名叫华西利·殊达耶夫的人,是一个充满爱的男人。据说,幼年时期的他就非常善良，一旦看到有人发生不幸，便马上会伸出援手。

婚后的他在佩帖尔布尔克做一名石匠，三年的时间便存了一笔钱。因为没有精神调剂，他选择看福音书。在这个过程中，他逐渐认识到自己身处的教会和身边的教徒都是充满了谎言的人。

殊达耶夫觉得做生意缺乏正义的话，那么一定会失败。因此他把自己的钱分给那些穷困的人，于是一身轻松地回到了家乡从事农活。

本以为家乡的人们过着自给自足生活的他，回来之后非常吃惊。因为家乡农村的人和城里人一样，充满了自私和互相欺骗。

一天，一位胸前挂着十字架的神父来到殊达耶夫的家中向他说教，也许是殊达耶夫的某句话触怒了这位神父，神父怒发冲冠地走了。自此，殊达耶夫与教会断绝了关系。

在他看来，只要任何人之间存在纯粹的爱，那时的生活一定非常美好，大家不分彼此互相包容。这样的世界不需要统治者，因为大家的心在一起，用爱来交流。

殊达耶夫这样思考，也会把自己的想法分享给别人，当然他更想将这个理念付诸实际。于是，看到贫困的人他就会解囊相助。家中来了贼，他不会捉拿这个人扭送到官府那里。

一个朝圣的女人来到殊达耶夫的家中，他热情款待了那个女人，并且让她留宿了一宿。谁知，第二天早上这个女人偷了女主人的衣物逃走了，后来她被擒获扭送到了殊达耶夫的家中。

令人意想不到的是，殊达耶夫不但没有斥责这个女人，反倒设身处地为这个女人着想，害怕拘留所的生活不能给这个女人好的未来。

虽然殊达耶夫非常善良，但是仍然有嫉恨他的人。以神父为首的人咒骂他是无神论者、是叛教者，更有的人联合村民对付他。

可是殊达耶夫并不生气，他一直坚持认为人们应该互相友爱。直到七十三岁，他才去世。虽然他一生不识字，但是他却活得非常快乐。

托尔斯泰一直佩服殊达耶夫，认为他是一个非常了不起的农民，他能知行合一，成就了非常了不起的一生。

大文豪决定离家出走

一天，托尔斯泰在住宅外面散步。散步的时候，他喜欢哼着小曲。这时，一个肩扛沉甸甸袋子的老太婆经过他的身旁。

"老婆婆，这个袋子一定非常重吧？"托尔斯泰向这个老太婆打起招呼。

"当然了，老太爷！"老婆婆非常疲累地答道。

托尔斯泰非常同情这位婆婆，说道："真让人同情！"

听到托尔斯泰这句话的老太婆停下脚步，非常哀伤地说："老太爷一定是随口说说的吧！你的心中真的是这样同情我吗？"

"当然了，我的内心非常同情你！"托尔斯泰赶紧解释道。

"如果是真的话，为什么您不把您宅子外面的栅栏拆掉呢？"老太婆这个问题，让托尔斯泰摸不到头脑。仔细打听才知道，自己住宅外面有一个栅栏，农人们想要去宅子后面割草时经常要绕很远，很多农人看在眼里却不敢说。

打听清楚的托尔斯泰马上带着这位老婆婆来到栅栏内，带她穿过庭院。他非常想和雅斯拿雅·波里雅拿的农民们相处好，可是总是做不到，原来是这个"栅栏"制造了障碍！

自己住宅外面的栅栏是有形的，好解决，可是横亘在自己和村人之间那一条无形的"栅栏"应该怎样解决呢？要想佃农们跟自己这个地主建立非常好的关系，除非是把自己的土地分给他们。

可是当托尔斯泰把这个想法分享给自己妻子的时候，她却极力反对。索菲娅认为自己是地主，怎么可能跟佃农有良好的关系呢？就在托尔斯泰不知所措的时候，她与佃农们发生了纷争。

索菲娅非常生气，决定将这些佃农告至县里，希望能够使事态得到妥善的解决。可是托尔斯泰却反对妻子这么做，于是两人再次因为佃农的问题产生纷争。

"难道我们要一直忍受佃农的挑衅吗？"妻子非常愤怒。

"也许做坏事的人已经知错了，为什么你不能给他们一个机会呢？"

"是吗？他们都是农民，做了坏事怎么可能反省？"

"你的这种想法是不对的！"托尔斯泰非常沮丧。

"如果我们一再忍让,我们就会变成乞丐!"

"怎么会,你的想法太偏激了!"

"我的想法偏激?"妻子显然愤怒到了极点,"如果不是你非要跟他们建立良好的关系,今天我们不会这样争吵!只有给他们一点教训,他们才会真正地反省!"

托尔斯泰没有反驳妻子的话,晚上他是这样写日记的:"上天啊,请您救救我!我总是不能下定决心离家出走,请上天救救我!"

一直非常苦恼的托尔斯泰在这个月的中旬再次和妻子爆发了争吵,托尔斯泰说:

"摆在我面前的只有两条路,一是我处理好我的财产后离家出走,二是把我所有的土地分给那些佃农,然后依靠稿费和版税生活。我知道,你一定能够理解我!"

就在托尔斯泰说完这句话的时候,索菲娅铁青着脸摇头说:"反对!我当然反对!不管你怎么说,我都要保护这个家的财产。一旦我们把财产分给那些野蛮人,那么我们只能靠典当来生活。如果我们身无分文,能够留给我们的子孙什么呢?"

听完妻子的话,托尔斯泰最后说道:"如果你顾念我们的夫妻感情,就应该尊重我的想法!"

"我当然珍惜和你之间的感情,但是你不能把财产分给别人啊!你的心中除了那些农民,难道就不为我们的后代着想吗?"

对于索菲娅抛给托尔斯泰的这个问题，他是这样回答的："无论是谁的子孙都应该得到平等的对待，你看看那些贫苦的人就会明白，他们连基本的一日三餐都不能得到保障，而我们却锦衣玉食。在这样强烈的对比下，我们的生活还有快乐可言吗？"

"每每看到那些可怜的人，我当然非常心痛，可这并不意味着我们要牺牲我们的生活啊！如果你觉得自己的生活过于奢华，那么为什么不把你的财产分给你的孩子们呢？"

在给一位友人写的信中，托尔斯泰详述了这次争吵：

> 与家人商量之后，他们逼着我在财产分给子女的文件上签名。虽然我把拥有托尔斯泰家族财产的包袱卸了下来，可是这并不能真正地解决人类不平等这件事情啊！因此，虽然在那个文件上签了名字，但这却是违背我的原则的。但是如果我不这样做的话，我的这个家将要被我摧毁。

在写信的过程中，托尔斯泰一直在冷静地思考，唯今之计只有离家出走了。

一封写给妻子的信

当时的托尔斯泰只能在日记中倾诉自己内心的苦楚："如果

不能孑然一身，怎么能够接近我的内心？"这是托尔斯泰非常极端的一个想法。

他对索菲娅说："你的灵魂已离开你了，请你寻找你的灵魂吧！"索菲娅对这句话选择充耳不闻，一再反对托尔斯泰的想法。

1862年的9月，托尔斯泰夫妇喜结连理。两人之间相差十六岁，也许正是这种年龄上的差距导致两人思想上的隔阂。索菲娅重视物质，才失去了理想。即便如此，两人的婚姻还称得上非常圆满，要知道正是因为与索菲娅结婚，托尔斯泰才缔造了新的生活。

托尔斯泰不得不承认，婚后的自己非常幸福。妻子帮他誊写文稿，《战争与和平》就是两人携手缔造的成功。

可是由于托尔斯泰的理想和价值观，他们经常意见不合。前者希望通过改变来创造更为平等的世界，而后者则希望一直维持现状，平安喜乐。为此，两人不断争吵，他们都非常苦恼。

托尔斯泰在更早的时候就有过一次不成功的离家出走。早在1884年，三女儿阿丽克圣多拉出生之际，托尔斯泰和妻子便在思想上产生过摩擦。

当时他离家出走，打算到托拉，行至半路的时候，放心不下家人的他停在原地，最后打消了离家出走的念头回到家中。可是离家出走的想法并没有就此消失，此后的几年这个想法一直存在他的脑海中。

托尔斯泰一般是独处的时候才会产生离家出走的想法。当然，他也会跟朋友流露自己的心声。

一位在基辅居住的学生曾经建议托尔斯泰："分掉自己的财产之后，就会像乞丐一样，从这个城镇到另一个城镇过着自由的漂泊生活！"

可是，托尔斯泰在信中却是这样回复这个学生的：

> 我早就想把我的资产分给广大的农民了，如果你问我这是为什么，我会告诉你我的身边有太多贫穷的人。
>
> 我并不想让我的妻子和孩子过着极为奢靡的生活，这样是不对的。因此，我一直在为此困扰。如果我真的分配了我的财产，那么大家就都能得到幸福了吗？
>
> 至于你给我的建议，我的确非常感动。我下了很多次决心离家出走，却都不能实行。也许你会觉得这是我意志不坚定的结果，但实际上我总是被一些事务所羁绊。我相信，这是我自己在可怜我自己罢了……

就在托尔斯泰给这位学生回信之前，他在1910年7月8日写好了自己的遗书，收信人不是别人，正是自己的妻子索菲娅。

托尔斯泰将写好的遗书放在了一个信封里，接着在封套上写下这样一句话："如果您没有其他的事情，请在我死后帮我把这封信转交给我的妻子！"

正式离家出走

时而迷惘、时而踌躇、时而悲叹的托尔斯泰确定了离家出走的日子——1910年10月8日。

在奥普提那修道院的托尔斯泰在日记中记述了那天的情况：

前一晚我十一点半上床睡觉，第二天早晨三点我就醒来了。凌晨三点的天色非常昏暗，我听到了脚步声和敲门声。

一开始我并没有马上转过头去看门的方向，待我往门的方向看的时候，只看见一道亮光透过门缝照了进来，还伴随着沙沙的声音。

这声音，很可能是在书房的索菲娅翻开文件的声音。就在前一晚，她对我说不要锁上书房的门。

索菲娅房间的两扇门一直是敞开的，因此她能听到我的任何一个微小的动作。无论我做了什么事、说了什么话，都逃不过她的耳目。

她一直在监视我的一举一动，她在穿过我房间的时候总是放低脚步的响声。当然，为此我非常生气，可是我却不能说明白为什么我会对她的做法非常愤怒。

即便那时的我还想继续睡下去，也不能入眠了。与其在床上辗转反侧，不如索性坐起身来坐在床边。

这时房门被她推开，旋即她开始询问我的健康情况。

因为我一开灯她便进来了，由此我便可以确定她还在监视我。

这样一来，我即便是呼吸都没有自由了，我特意数了一下我的脉搏，一分钟九十七下。显然，我不能再次入睡，于是我保持原样坐在那里。最终，我决定离家出走，我给妻子留下一封信，信的内容大致是：

"也许你会因我离家出走而伤心，但是要知道你的所作所为也让我非常苦恼。除了离家出走我别无他法，请你理解！

"我不能再忍受我在家里的处境了，我已经把所有的事情置之度外，我放弃了奢侈的生活，也决定不再过这种得不到理想的生活。

"我这个年纪的老人早就看淡名利了，只想在平静中度过余生。我马上就要从俗世生活中隐退了，你觉得怎么样？

"当你了解我的想法之后，即便知道我在哪，也不要到我居住的地方来找我。因为你一来，便会破坏我们两人的处境。我已经在我的路上，因此我绝不会半路回来。

"非常感谢你能够与我度过四十八年的婚姻生活，在这里我由衷地希望你能发自内心的原谅和理解我。我相信，当我离开家后，你也会拥有全新的生活。

"如果你还有什么话要对我说，那么就请莎霞转达吧！可是你却不能从她那里得知我的住处，我要求她为我保守秘密，她是不会告诉任何人的……"

托尔斯泰将信放在信封中，带着自己的物品离家出走了。他将所需物品装在箱内之后，叫醒了帮忙的人——学生麦可奇伊医生。

得知他离家出走的人只有两个，一个是莎霞，另一个便是她的男朋友麦可奇伊医生。两人被托尔斯泰叫醒后，托尔斯泰交代莎霞替自己保存还没有发表的手稿。

答应父亲要求的莎霞旋即帮父亲将一些常用物品装进了父亲的皮箱之中，接着一行三人悄悄地离开了托尔斯泰的住宅。他们轻手轻脚，并未吵醒索菲娅，否则托尔斯泰离家出走的计划便要胎死腹中了。

本想来到马厩准备马车的托尔斯泰，却因为天色昏暗四周一片漆黑，无法集中精神，误打误撞进入了树林中，不慎撞向树干的他几次倒地，帽子也掉到了地上。

在黑暗中摸索了好一阵之后，他返回到卧室找到了另外一顶帽子。戴上之后，他随手带着马灯再次来到马厩，叫醒车夫为自己备马。

就在托尔斯泰备马的这段时间，莎霞正在帮父亲准备携带的物品。当一切就绪之后,托尔斯泰和麦可奇伊医生登上马车。莎霞也非常想跟着自己的父亲,但是托尔斯泰却阻止她跟自己一起离家。

"莎霞,你先留下,等我安顿好之后,我会告诉你我的地址,我们到时候联络好吗?"

听到这句话,莎霞不禁开始哭泣,双眼含泪地问道:"父亲你想先去哪里啊?"

"我想先去我妹妹所在的夏玛鲁丁斯基修道院。"

"好的,那我静候佳音!"挥别了父亲的马车,莎霞才回到房间。

"我不会再回到这里了!"虽然托尔斯泰这样想着,可是他的身心却非常紧张。

葬身扎卡斯峡谷旁的树林

托尔斯泰和麦可奇伊到达西察基诺火车站才得知距离火车进站还有一个小时的时间。虽然只有短短一个小时,但是托尔斯泰还是有点害怕。他的直觉告诉他,妻子会追到这里。

显然他的直觉并不准确,直到火车缓慢地驶进了站台,妻子也没有追来。这个时候,托尔斯泰才松了一口气,可就在这时,矛盾的托尔斯泰又开始怜悯自己的妻子。

登上火车之后,火车缓慢地驶离车站。在驶向新生活的火车上，托尔斯泰放松极了："我已经不再是列夫·托尔斯泰了，我不用再隐藏我内心的想法了。"

这天托尔斯泰没有吃过任何东西，也没有睡觉，晚上六点他抵达奥普提那修道院，这可是全俄罗斯最为出名的教堂之一了。

他以前来过这里几次，他非常尊敬这里的米哈伊尔修道士。尽管托尔斯泰已经被教会除名，但是这位修道士却非常欢迎托尔斯泰的到来，并且让他在这里留宿一晚。

当晚托尔斯泰九点就钻进了被窝，可是他却难以成眠。与其睁大眼睛望着天花板，不如起身点上蜡烛开始创作，《有关死刑的信》——他最后的一篇散文，便是在这里完成的。

第二天，当托尔斯泰离开修道院的时候，向修道士询问昨晚的房租，对方给予的答案是："这里是一座修道院，您随意！"

于是托尔斯泰交给修道士3卢布，并在随缘簿上写下"谢谢招待"几个字，并且附上自己的姓名。他离开修道院时，很多修道士欢送他。

离开这个修道院，托尔斯泰马上向玛丽亚所在的夏玛鲁丁斯基修道院奔去。他用了整整一天的时间才到那个修道院。

凑巧的是，这一天外甥女丽莎来看望母亲，于是玛丽亚母女向托尔斯泰表达了深深的理解和同情，这使他非常欣慰。

10月11日，切尔特科夫的回信到了，信中对方对他的出走表示理解和支持。10月17日，莎霞带着索菲娅和儿女的信来看托尔斯泰。看完妻子的信，托尔斯泰不禁流下了热泪，妻子的信是这样写的：

　　请你回来吧！如果你不回来，我一定会自杀的。你是我的丈夫，是我一辈子的朋友，如果你需要我做什么，我一定会为你做。我会抛弃一切贵族的生活，我会和你一起友善地对待你的朋友。我会非常温和的，我马上就要去疗养了。

　　我们的孩子都在这里，他们是那么的自信，却不能帮助我什么。我只需要你对我的爱，我要见你！

　　朋友，无论你在哪里，都请让我见你一面，哪怕是告别也好，我只想告诉你，我有多么爱你。你快让我去见你吧！

　　如果你不愿意唤我去，那么你还是回来吧！请原谅我过去的行径，你不在的这几天我一直在找你，你可知道我内心的痛苦？

虽然托尔斯泰非常难过，但是他没有别的选择。害怕妻子和女儿追来，他决定马上乘坐火车南下。于是在修道院他又给索菲娅写了一封信：

　　让你来或者是我回去，都是不可能的。我知道，这对你造成了伤害,可是我非常害怕回到过去。我由衷地劝你接受现实吧,去适应没有我的日子!

我的出走并非不爱你,恰恰相反,我非常爱你。可正是因为爱你,我才别无选择!

妹妹玛丽亚给托尔斯泰一个大大的拥抱。走进妹妹的住所,托尔斯泰在那里用了晚膳。

"小哥,你打算去哪里?"席间,妹妹关切地询问道。

"说实话,我还没有决定。"

托尔斯泰所言非虚,他并不知道自己的目的地。他只知道自己或许可以趁着这段时间,到俄国的其他地方游历一番,然后办理一张护照去匈牙利,那里有很多尊敬自己的人。可是,想要办理一张护照并非一件易事。如果失败的话,托尔斯泰只能回到高加索去缅怀过去了。

"高加索?那可是你曾经待过的地方啊,那里寸草不生,何苦去那啊?"说到这里,玛丽亚不禁哭泣起来。

"是的,我曾经在那里当过兵,不过那已经是多年以前的事情了。虽然那里是不毛之地,但那里的人非常有人情味,我想现在也不会有太大的改变。"

在与妹妹交谈时,托尔斯泰想着或许可以暂住在妹妹附近。

"在去匈牙利之前,我想在修道院附近暂住一段时间,你觉得怎么样?"托尔斯泰询问妹妹的意见。

"当然好啊!我非常赞成!"说这句话的时候,玛丽亚的脸上都要绽放一朵花了。

"那我明天就到附近转转,看看有没有空房子要出租。"

当晚,借着烛光,托尔斯泰再次给索菲娅写了一封信:

即便你不再爱我,也不要因此而恨我!如果你能站在我的立场上为我想一想,就能理解我的苦恼了。那样的话,你就不会责怪我了,而且还会尽全力帮助我。因为,现在的我已经找到一条更为平静的路,我非常享受这样的人生!

在这封信上,托尔斯泰一丝丝地将自己的心声剖白。第二天,他便来到附近寻找出租的空房。一圈转下来,他并没有找到合适的房子,于是打道回府——修道院。

傍晚时分,莎霞突然找到托尔斯泰并对他说:"母亲说不定会追到这里来!"

"什么?"托尔斯泰惊呼,"难道你们没有给她看我的信吗?"

"母亲看过你写的信之后,已经半疯了,一度想要跳进池塘自杀!"

"自杀?真的?"托尔斯泰有点儿不相信。

"当然，很快就被抢救上岸……"

"你和她说了我的行踪吗？"托尔斯泰问了自己最为关心的问题。

"当然没有，但是母亲正在四处打听你的踪迹。她在火车站打听到了你是坐哪趟火车出走的，说不定会联想到姑妈这里。"

"既然如此，不如赶紧离开比较好，明早我就出发！"听到这里，托尔斯泰非常不安。

第二天早上天蒙蒙亮，托尔斯泰给玛丽亚留下一封告别信，就跟麦可奇伊乘着马车来到了火车站。莎霞后来也追到了火车站，刚上火车，火车便开动了。

托尔斯泰先到新切尔卡斯找到外甥女婿，希望能从他那里搞到一本护照。成功的话，自己就向保加利进发，否则就到高加索。车厢里的人很快就认出了托尔斯泰，转眼间消息便不胫而走。为了一睹托尔斯泰的风采，车厢里引起了不小的纷乱。为了平息混乱，列车员不得不给托尔斯泰安排一个小房间，把好奇的乘客赶走。

5点多的时候，浑身发烫的托尔斯泰喊来了莎霞。莎霞给父亲测量体温之后，发现他正在发烧。在医生的建议下，莎霞给托尔斯泰打来了开水。可是用过茶水之后，托尔斯泰却依然打冷战，体温也没有下降。

经过和医生商量之后，并且征得了托尔斯泰的同意，他们决定止步于此。晚上8点，托尔斯泰一行从阿斯塔波沃火车站下车。

因为这个地方没有旅馆，于是下车后的第一件事就是来到站长的家里暂住。11月14日，托尔斯泰口述，莎霞代笔，给长子谢辽莎和长女塔尼娅修书一封：

我希望你们并没有因为我没叫你们前来而责备我这个父亲，如果单单叫你们两个前来而没有叫你们的妈妈，她一定会非常伤心的。

请你们理解我叫切尔特科夫来的初衷，他把一生都献给我这四十年从事的事业——对我非常重要的事业。在这里，我要对你们说再见了。请你们务必安慰你们的母亲，我对她依旧怀有真诚的爱。

一天之后，托尔斯泰病情加重，甚至出现咳嗽的症状，咳出的痰里含有血丝，医生诊断他患上了肺炎。下午5点，医生收到了索菲娅这样一封电报：

我带着两个儿子和医生，会马上乘坐特快列车赶来。

11月16日，三位著名的医生赶到托尔斯泰的住处，妻子和儿女也赶来了。经过大家的商量，为了免于托尔斯泰非常激动，医生只让长子谢辽沙和长女塔尼娅进到托尔斯泰的病房看望他。

见到两个孩子,托尔斯泰非常高兴,并且一再询问索菲娅的情绪。他担心一旦自己病故,大家都会误会索菲娅是一个坏女人,于是他饱含热泪地说道:"我本想好好处理这件事的!"第二天,托尔斯泰失去了知觉。有的时候,他还会说胡话,尽管大家都听不懂他在说什么。

19日,就在莎霞和塔尼娅守在床边的时候,托尔斯泰突然艰难地坐了起来,莎霞赶忙询问父亲想要做什么。托尔斯泰开口回答道:"我只想告诉你们,这个世界上比我困难的人大有人在,你们不要再管我了。你们现在只关心你们的爸爸,你们千万不要只顾着列夫·托尔斯泰一个人!"

傍晚,托尔斯泰的病情加重,只能靠吸氧维持生命。平静下来的托尔斯泰对大儿子说道:"这一生我只爱真理……非常……非常爱真理……"

第二天的凌晨5点,索菲娅被允许走进托尔斯泰的病房探望他,这时的丈夫已经失去知觉,她弯下身子与丈夫吻别,丈夫的脸上满是她的泪水……

这一天的6点5分,托尔斯泰的生命就此完结。11月22日的清晨,他的灵柩被运到扎谢克火车站,尽管受到政府的阻挠,依然有上万的群众来送他最后一程。

当天下午,按照托尔斯泰的遗嘱,家人们将他的遗体埋葬在扎卡斯峡谷旁边的树林里,据说一个神秘的绿杖埋在这片森林里。

名人励志传记丛书